国际数据港与『五个中心』建设融合发展

研究阐释党的二十大精神丛书

上海市哲学社会科学规划办公室
上海市习近平新时代中国特色社会主义思想研究中心 编

丁波涛 ⊙ 著

上海人民出版社

出版前言

党的二十大是在全党全国各族人民迈上全面建设社会主义现代化国家新征程、向第二个百年奋斗目标进军的关键时刻召开的一次十分重要的大会。这次大会系统总结了过去 5 年的工作和新时代 10 年的伟大变革，阐述了开辟马克思主义中国化时代化新境界、中国式现代化的中国特色和本质要求等重大问题，对全面建设社会主义现代化国家、全面推进中华民族伟大复兴进行了战略谋划，对统筹推进"五位一体"总体布局、协调推进"四个全面"战略布局作出了全面部署，在党和国家历史上具有重大而深远的意义。

为全面学习、全面把握、全面落实党的二十大精神，深刻揭示党的创新理论蕴含的理论逻辑、历史逻辑、实践逻辑，在中共上海市委宣传部的指导下，上海市哲学社会科学规划办公室以设立专项研究课题的形式，与上海市习近平新时代中国特色社会主义思想研究中心、上海市中国特色社会主义理论体系研究中心联合组织了"研究阐释党的二十大精神丛书"（以下简称丛书）的研究和撰写。丛书紧紧围绕强国建设、民族复兴这一主题，聚焦习近平新时代中国特色社会主义思想，聚焦新时代党中央治国理政的伟大实践，力求对党的创新理论进行学理性研究、系统性阐释，对党的二十大作出的重大战略举措进行理论概括和分析，对上海先行探索社会主义现代化的路径和规律、勇当中国式现代化的开路先锋进行理论总结和提炼，体现了全市理论工作者高度的思想自觉、政治自觉、理论自觉、历史自觉、行动自觉。丛书由上海人民出版社编辑出版。

丛书围绕党的二十大提出的新思想新观点新论断开展研究阐释，分领域涉及"第二个结合"实现之路、中国式现代化道路、五个必由之路、中国共产党的自我革命、斗争精神与本领养成、国家创新体系效能提升、中国特色世界水平的现代教育探索、人民城市规划建设治理、超大城市全过程人民民主发展、数字空间安全、长三角一体化发展示范区等内容，既有宏观思考，也有中观分析；既有理论阐述，也有对策研究；既有现实视野，也有前瞻思维。可以说，丛书为学习贯彻习近平新时代中国特色社会主义思想和党的二十大精神提供了坚实的学理支撑。

丛书的问世，离不开中共上海市委常委、宣传部部长、上海市习近平新时代中国特色社会主义思想研究中心主任、上海市中国特色社会主义理论体系研究中心主任赵嘉鸣的关心和支持，离不开市委宣传部副部长、上海市习近平新时代中国特色社会主义思想研究中心常务副主任、上海市中国特色社会主义理论体系研究中心常务副主任潘敏的具体指导。上海市哲学社会科学规划办公室李安方、吴净、王云飞、徐逸伦，市委宣传部理论处陈殷华、俞厚未、姚东、柳相宇，上海市习近平新时代中国特色社会主义思想研究中心叶柏荣等具体策划、组织；上海人民出版社编辑同志为丛书的出版付出了辛勤的劳动。

"全面建设社会主义现代化国家，是一项伟大而艰巨的事业，前途光明，任重道远。"希望丛书的问世，能够使广大读者加深对中华民族伟大复兴战略全局和世界百年未有之大变局、对中国共产党人更加艰巨的历史使命、对用新的伟大奋斗创造新的伟业的认识，能够坚定我们团结奋斗、开辟未来的信心。

目　录

第一章

研究背景与意义

党的二十大指出："加快发展数字经济，促进数字经济和实体经济深度融合，打造具有国际竞争力的数字产业集群。"大数据是数字经济发展的核心要素。早在 2013 年 7 月，习近平总书记视察中国科学院时就已指出："大数据是工业社会的自由资源，谁掌握了数据，谁就掌握了主动权。"① 全球正加快由 IT（信息科技）时代迈向 DT（数据科技）时代，未来世界必将是得数据者得天下。上海承担着建设"五个中心"的国家战略，也担负着建设国际数据港的重大使命，应当将两者有机融合，一方面，发挥数据作为新时期最活跃生产要素的巨大价值，实现网尽其利、数尽其用、人尽其才，为深化建设"五个中心"注入新的强大动能，推动"五个中心"持续升级；另一方面，依托上海"五个中心"的地位与网络，聚天下数据而用之，建设全球性行业数据枢纽，夯实国际数据港的发展内涵和产业基础，避免国际数据港空洞化。

---

① 《大数据开启大时代》，中国政府网，http://www.cac.gov.cn/2016-08/03/c_1119 330254.htm，2016 年 8 月 3 日。

第一节　国际数据港的概念

国际数据港是当前数字领域的热点话题，国内城市如重庆、成都、南京、深圳等地都曾提出要建设国际数据港，上海更是将其视为推动城市数字化转型、扩大高水平对外开放、促进经济高质量发展的重要举措。同时，国家对上海建设国际数据港也给予了极大的支持，2021年，中央发布《关于支持浦东新区高水平改革开放打造社会主义现代化建设引领区的意见》，明确要求上海建设"国际数据港"。

然而，对于国际数据港到底是何涵义，国内外有不同解读。因此本章将明确其概念，以利于上海更好把握国际数据港建设方向。

一、国际数据港的内涵

对国际数据港这一概念可以从其所包含的三个关键词"国际""数据""港"来理解：

其一，国际数据港具有港口的"三地"属性。"港口"是水陆空交通枢纽，是进出口物资集散地，也是船舶飞机停泊、装载货物、上下旅客、补充给养的场所。类似地，数据港也是全球网络连接的枢纽地，是数据要素流动的集散地，是数据资源流通、交易、开发、利用的承载地。

其二，国际数据港承载"四大"数据功能。一是汇聚功能，实现大范围和大规模数据资源的流动和集聚；二是技术功能，为数据的传输、存储、加工、应用等提供网络、算力、算法支持；三是经济功能，为数据经营、数据流通、数据消费和知识发现、价值转化提供场所和平台；

四是管理功能，构建高效便利、公平公正、规范透明的数据采集、开发、利用、流通等规则体系。

其三，国际数据港突出"五个"国际特征，其不仅是一个国家或地区的数据要素汇聚节点和数据产业高地，而且能够链接国际网络、汇聚国际资源、引领国际产业、服务国际客户、对接国际规则，并在全球大数据行业内具备较强的话语权和影响力，是所在国与世界各国进行数据传输、交易、合作的桥梁和纽带。

表 1-1　传统港口和数据港的对比

构成要素	传统港口	数据港
连接海外设施	国际海空航道、国际铁路和公路	海光缆、陆缆、星联网
港口设施	码头、仓储、堆场	登陆站、数据中心、云平台
连接腹地设施	铁路、公路、河道	城市高速网络、区域网络
进出口管理	海关	数据跨境流动
要素市场	贸易集市	数据交易市场
临港服务业	物流、金融、贸易、法律服务等	金融、法律、评估、专业咨询等
临港制造业	造船修船、原材料加工、出口加工	数据加工、处理、传输
核心指标	吞吐量	数据流量
政策要求	经济对外开放	数据自由流动

综上，国际数据港是指具备全球网络枢纽地位和强大计算能力，允许数据及相关要素自由便利流动，聚集大量数据企业和服务机构，集中开展全球数据创造、加工、交易、利用等业务的城市或区域[1]。其作用

---

[1] 李自伟：《加速国际数据港建设　提振上海核心竞争力》，《上海信息化》2022 年第 10 期。

就是搭建全球范围内数据资源的共享流通渠道、优化配置平台和开发利用机制，提高数据资源的配置效率和产出效益，使数据更好地造福于经济发展和社会进步。

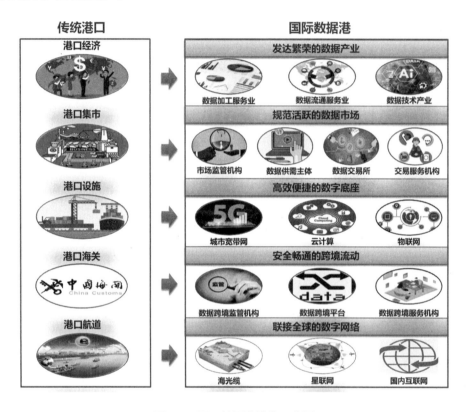

图 1-1　国际数据港结构示意图

需要说明的是，就上海的国际数据港而言，其本身本有狭义和广义两个层次的内涵。狭义上的上海国际数据港特指上海临港地区正在推动建设的国际数据港项目，其核心是数据跨境流动；广义上的上海国际数据港则指包括全上海的所有数据产业及相关平台，战略功能不仅是数据跨境流动，而是包括数据要素的全球化流通、全方位赋能、全局性创新和全链条提升。本书的研究对象是指广义上的国际数据港。

二、国际数据港的特点

根据上述对国际数据港内涵的分析，本书认为国际数据港应当具有以下特点：

一是网络通（High-speed network）。国际数据港应具有国际一流的数字基础设施、辐射全球的高速互联网络、先进强大的数字计算能力，支撑国内外数据便利流动、数据深度开发和数据产业发展。

二是要素聚（Abundant data）。国际数据港应以优良的环境、畅通的网络、国际兼容的规则为优势，吸引全球优质数据要素在此集聚、流通、配置、消费。

三是资源丰（Resources agglomerated）。国际数据港应当具有与数据采集、传输、加工、处理、利用、交易等活动相关的丰富的技术、人才、设备、资金等资源。

四是市场兴（Buoyant market）。国际数据港应发挥网络交汇和数据汇聚的优势，推动建立活跃的数据创造、交易、加工、消费体系，形成辐射长三角、全国和全球的数据要素市场。

五是规则明（Open & fair rules）。国际数据港应形成涵盖数据采集、存储、传输、加工、共享、交易以及安全保障等规则，并能兼容国际通用规则或主要合作伙伴的规则。

六是产业强（Remarkable industries）。国际数据港以全球网络枢纽地位和国际数据流通中心为支撑，催生发达的数据加工、数据流通、数据技术产业，并在国际数据产业链确立主导权。

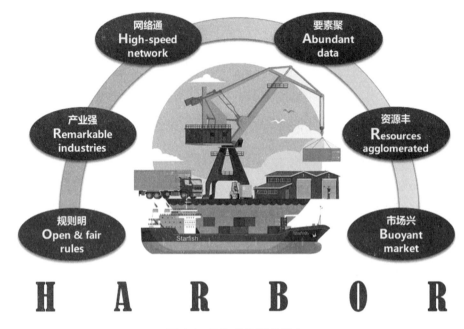

图 1-2　国际数据港的特点

第二节　建设国际数据港的重要意义

城以港兴、港为城用，上海的命运总是港口息息相关。100多年前，上海正式开埠，迅速从小渔村一跃成为远东第一大都市；20年前，上海启动洋山深水港建设，向"五个中心"目标迈进一大步；当前，面对百年未有之大变局，上海建设国际数据港，衔接全球产业新趋势、应对城市竞争新态势、开拓城市发展新格局，必将推动上海在数字时代创造新辉煌、实现新超越。

国际数据港建设将大大提升上海的数据要素集聚、配置、转化能力，面向国内大循环和国际国内双循环，以数据流激活资金流、商品流、贸易流、科技资源流，推动上海经济高质量发展。

一是有利于强化"五个中心"和数据要素双向赋能。数据要素将全面赋能"五个中心"建设，以国际数据港为底座，将数据要素深度融入上海的经济价值创造体系，加快经济、金融、贸易、航运、科技创新中心的数据化；"五个中心"也将催化数据裂变。数据应用于各行各业，既是产生要素投入，还可实现自我繁育和增质，形成行业性数据枢纽节点，催生新型专业性数据产业，驱动"五个中心"内涵升级。过去资本是核心，因此伦敦港口货物吞吐量并不高，但凭航运保险、金融、交易成为国际第一航运中心，新加坡、香港作为独立经济体规模有限，但凭发达的金融交易、结算和支付跻身国际金融中心。未来数据是核心，打造制造、金融、航运、商贸、科技"五大数据中心"将成为"五个中心"建设的应有之义。上海全面深化"五个中心"建设不应再拘泥于追求产量、货物量、资金量、商品量的多寡，而应着重于在五大行业打造具有全球影响力的数据枢纽节点，形成可对标全球中心城市的专业性数据产业。

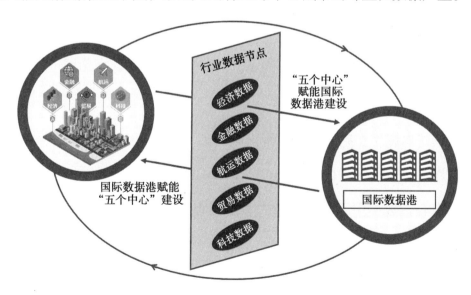

图 1-3 国际数据港和"五个中心"双向赋能

二是有利于打造数字全球化时代的双循环战略链接，以数据红利应对"入世"红利不断下降的困局。人类社会已经历三轮全球化，目前正向第四轮的数字全球化迈进，表现在近年数据跨境流动规模增速为国际贸易的15倍以上，对全球经济增长贡献度高达10.1%，预计2025年将突破11万亿美元（麦肯锡、布鲁金斯学会）。数字贸易将成为国际贸易主体，2019年全球数字服务出口规模达到4914.7亿美元，占服务出口额的52.0%，占全部出口额的12.9%，未来这一比例还将快速增长（中国信通院）。数字贸易是新形势下国际贸易增长的加速器，也将成为上海推进更高水平对外开放、打造双循环战略链接的主要抓手。数字全球化将产生"逆淘汰"效应，任何一个国家和地区如不能抓住数字贸易机遇，将会在新的国际贸易格局中被边缘化。

三是有利于塑造以数据掌控权为核心的城市软实力。习近平总书记强调，信息资源日益成为重要生产要素和社会财富，信息掌握的多寡成为国家软实力和竞争力的重要标志。[1]上海亟待增强数字化城市软实力。根据全球化和世界城市研究所的报告，2020年上海位列全球都市排名第五位，仅次于伦敦、纽约、香港和新加坡。其中，上海港集装箱年吞吐量连续十多年保持世界第一；在中国（深圳）综合开发研究院《全球金融中心指数》中上海排名第三。然而在2021年全球互联网枢纽流量

---

[1] 习近平：《总体布局统筹各方创新发展　努力把我国建设成为网络强国》，人民网，http://cpc.people.com.cn/n/2014/0228/c64094-24488180.html，2014年2月28日。

排名中上海处于 40 位之外（TeleGeography），《全球数据中心市场排名（2021）》中列出的全球 10 大数据中心城市（戴德梁行），上海也榜上无名 ①。上海亟需打造全球网络通路中心节点，集聚和开发全球数据资源，提升全球数据产业话语权，构建城市数字化软实力。

表 1-2　世界城市排名和全球互联网枢纽对比

世界城市级别排名				全球互联网枢纽排名（基于网络交换量）			
排名	城市	所属国家	城市级别	排名	城市	所属国家	单位：Gbps
1	伦敦	英国	Alhpa⁺⁺	1	法兰克福	德国	110608
2	纽约	美国	Alhpa⁺⁺	2	伦敦	英国	74834
3	香港	中国	Alhpa⁺	3	阿姆斯特丹	荷兰	71188
4	新加坡	新加坡	Alhpa⁺	4	巴黎	法国	67865
5	上海	中国	Alhpa⁺	5	新加坡	新加坡	56350
6	北京	中国	Alhpa⁺	6	香港	中国	33829
7	迪拜	阿联酋	Alhpa⁺	7	斯德哥尔摩	瑞典	32037
8	巴黎	法国	Alhpa⁺	8	迈阿密	美国	30881
9	东京	日本	Alhpa⁺	9	马赛	法国	28849
10	悉尼	澳大利亚	Alpha	10	洛杉矶	美国	25058

数据来源：全球化与世界城市研究机构（GaWC）、英国国际电信市场研究机构（TeleGeography）。

第三节　推动国际数据港与"五个中心"融合的必要性

上海推动国际数据港建设与"五个中心"建设融合发展，有利于在主动适应数据产业发展新趋势的过程中取得发展先机，确立数据产业引

① 李自伟：《加速国际数据港建设　提振上海核心竞争力》，《上海信息化》2022 年第 10 期。

领地位；有利于提升自身在国际数据版图中的地位，应对国际数据枢纽竞争；有利于以数据流激活资金流、商品流、贸易流、科技资源流，加快打造"五个中心"升级版。一方面，在大数据时代，充分开发利用数据资源不仅是产业转型升级的必要条件，也是推动经济发展和提高企业竞争力的关键手段，上海各类产业转型升级需要国际数据港的支撑；另一方面，当前国内外围绕大数据产业高地的争取日趋激烈，上海建设国际数据港也要发挥上海产业实力雄厚、数字经济与实体经济融合能力强的优势，走出一条"大数据＋传统产业"的上海国际数据港建设的特色之路。

一、主动适应产业发展新趋势的战略之举

随着数字化转型向纵深演进，数据转化模式、区域竞争格局、产业发展重心都出现一系列新变化。上海以国际数据港为载体，乘势而上、顺势而为，在主动适应数据产业发展新趋势的过程中取得发展先机，确立引领地位。

一是产业发展动力由传统要素驱动转向数据要素驱动。中央于2020年3月出台《关于构建更加完善的要素市场化配置体制机制的意见》，在全球首先将数据作为五大要素之一，强调数据要素的市场化配置和数据收益的市场化分配，精辟概括生产力变革大势，表明产业发展正从数据驱动转向由数据要素以及数据资产、数据资本驱动。数据要素市场加速发展。截至2021年，国内已建立或在建数据交易机构近40家，数据市场规模达815亿元，"十四五"末可达1749亿元（工信安全中心）；国外涌现 Dawex、Datarade 等众多数据交易平台，年交易额美国为 2550 亿美元、欧洲 750 亿美元、日本 450 亿美元（IDC）[①]；数据资产价值加速释放，每年创造超过 3 万亿美元的价值（麦肯锡）；数据资本属性加速显现，2020 年底，Google 市值近 1.6 万亿美元，而资产总值仅约 1700 亿，Facebook 分别为 1 万亿和 1600 亿，巨大差异主要来自企业拥有但无法入表的海量数据。

二是产业发展路径从追求数据存量向主导数据流量转变。数据的价值在于流动。从全球来看，各国家争夺数据产业高地，除要扩大产业规模之外，更要抢夺数据流通关口、数据治理规则和数据创新生态的制高点，从而主导全球数据流通。近年来，欧洲出台《通用数据保护条例》（GDPR），美国通过《统一个人数据保护法》（UPDPA）以及提交《国家安全和个人数据保护法》，其目的都是夺取全球数据流动主导权。从国内来看，许多地区建设数据中心往往追求扩大机柜数量而忽略实际效果，但往往事倍而功半，近年来不少西部省份投入巨资建设数据中心，但总体上架率却低于 30%（中国信通院），大量设备闲置。这既违背数据中心"云化"趋势和"双碳"发展目标，也不能有效地实现数据价值转化，与产业发展初衷背道而驰，未来必须转向通过数据逻辑集聚、整合开发来实现高质量发展。

三是产业发展方向由以技术为重心向以资源为重心转变。以往大

[①]　参见 https://www.shszx.gov.cn/node2/node5368/node5474/u1ai111607.html。

数据产业的主体是硬件设备制造、网络传输、云计算等技术领域。未来数据技术仍然重要，但已不能涵盖数据产业全部。数据要素化、资产化和资本化将催生高额利润，刺激数据规模创造和广泛应用，形成以数据生产、使用和分配为主要活动内容的新型数据产品和服务。IDC 预计，2021 年全球大数据和业务分析（BDA）支出将达 2157 亿美元，已与云计算市场规模相当（《财富》估计为 2190 亿美元），未来 5 年还将保持 12.8% 的增长，今后再加上迅速发展之中的数据交易及其衍生业务（IDC 估计 2025 年仅美欧日的数据资产交易总规模就可达到 6100 亿美元），数据资源增值开发与流通业务必将成为数据产业重心。

二、实现国际数据港差异化发展的特色之路

放眼全球，世界已经进入由数据主导的"大数据时代"，美国、欧盟、日本、韩国等均将发展大数据作为重要的国家战略，纷纷出台相关政策不遗余力加快发展，力图占据全球数据产业高地，上海国际数据港建设也面临着激烈竞争。

根据经典竞争力理论，竞争战略主要是低成本战略和差异化战略，显然上海建设国际数据港不可能走低成本竞争之路，而是需要在深刻把握数字技术基本发展规律、兼顾国内外发展形势的基础上，明确自身定位，扬长避短，采用差异化竞争战略。

与国外的纽约、伦敦、东京以及国内的北京、深圳等国际大都市相比，上海最大的优势就在于产业实力雄厚，实体经济发达。一方面，上海聚集了国内外的金融、贸易、物流等各类实体经济企业，这些企业与大数据企业之间的互动和合作，能够实现资源共享和优化发展。另一方面，上海也具有众多大数据领域的高科技企业和创新企业，这些企业在推动大数据与实体经济融合方面可以发挥重要的作用。

根据自身优势，上海建设国际数据港应当走融合化发展策略。此种策略体现在上海要充分发挥中国大市场桥头堡的地域优势，辅之以长三角经济一体化所形成的配套产业优势和数字科创优势，以及作为金融中心的区域融资优势，促进大数据、人工智能与生物医药、汽车、装备等行业纵深融合和应用，构筑大数据产业领域的全球竞争优势。

三、打造"五个中心"升级版的必要之举

建成国际经济、金融、贸易、航运、科技创新"五个中心"，是党中央、国务院对上海发展的战略要求。过去几年中，上海"五个中心"建设的规模和能级均有明显提升，国际经济、金融、贸易、航运中心基本建成，国际科创中心形成基本框架，上海在世界经济体系中的地位进一步凸显。"十四五"期间，上海将以巩固和提升经济综合实力、要素资源配置能力、市场主体竞争力为途径，提高对资金、数据、技术、人才、货物等要素配置的全球影响力，加快建设能级更高的国际经济、金融、贸易、航运中心和科技创新中心。

在大数据时代，数据要素是推动经济发展质量变革、效率变革、动力变革的重要源动力，主要体现在基础性和战略性两方面[①]。一方面，

---

① 杨杰：《着力发挥数据基础性和战略性作用》，求是网，http://www.qstheory.cn/llwx/2020-06/05/c_1126076949.htm，2023 年 3 月 2 日。

数据是持续增长不可或缺的基础资源,因为数据无处不在、无时不有,对社会生产的各个领域都产生着越来越大的影响;另一方面,数据具有非竞争、可共享、无限增长的禀赋,可以放大劳动、资本、技术等传统要素的效能,实现要素价值的放大和叠加,是一种战略资源。

因此,未来上海要打造"五个中心"升级版,首先必须要充分开发好利用好行业大数据资源,发挥数据要素对资金、设备、商品、技术等要素的价值倍增和要素替代作用,形成"五个中心"的新增长机理,加快实现从规模式增长向内涵式增长的转型;其次,数据资源作用一种新型的基础性和战略性资源,"五个中心"必须着力提升对全球经济、金融、贸易、航运、科技等行业数据资源的配置能力;最后,上海提升"五个中心"的全球竞争力,不是在传统产业范式内与全球各大中心城市进行竞争,而是要通过大数据与业务的深度融合创新,形成新业态、新模式和新产业,打造"五个中心"的发展蓝海。

第四节　国际数据港与"五个中心"的相互作用

数据要素是一种渗透力很强的生产要素,其通过与其他各类要素的紧密融合,对传统生产方式变革产生重大影响,催生新产业新业态新模式,驱动经济社会高质量发展。同时,数据是一种非消耗性要素,具有越用越多、越用越好的特点,社会生产生活在使用数据的同时又会产生大量新数据。因此,国际数据港与"五个中心"可以相互支撑、相互促进、相互成就,形成双轮驱动的发展路径。

一、国际数据港对"五个中心"建设的促进作用

在大数据时代，数据已成为经济高质量发展的核心要素和战略资源，其对"五个中心"建设也将产生强大的赋能作用。

（一）通过提升基础设施优化营商环境

数字基础设施包括高速网络、数据中心、云计算、物联网等，是一个城市营商环境的重要组成部分，是数字化时代"五个中心"提升能级必不可少的基础性支撑。上海的数字基础设施虽处于全国领先水平，但与全球中心城市相比并无特别优势。如海光缆方面，上海虽然是中国最大的海底光缆登陆点，但所连接的海底光缆数量与密度与邻近的中国香港、台北以及韩国釜山、日本东京都存在较大差距；城市网速方面，根据知名电信研究机构 OOKLA 的报告[①]，上海的 5G 网络速度在全球各大城市中处于先进但不领先的地位；数据中心建设方面，英国著名房地产咨询机构戴德梁行定期发布全球数据中心市场的云可用性排名，2023 年上海在全球 63 个城市（含城市群）中排名第 29 位[②]。

在这种形势下，上海推动国际数据港建设，必须要大力加快相关的网络设施、感知体系、算力平台建设，提升上海数字基础设施在全球的领先水平，从而为上海的制造、金融、航运、贸易和科创等行业的数字化转型与创新、基于数字网络的国内外合作及全球业务拓展提供更高

[①]　参见 https：//www.ookla.com/articles/state-of-worldwide-5g-2021。

[②]　参见 https：//www.cushmanwakefield.com/en/insights/global-data-center-market-comparison。

速、更可靠、更安全的网络设施底座,优化"五个中心"的数字营商环境。

(二)通过全面汇聚数据促进产业创新

在数字化时代,数据是企业生产运营中最为关键的发展要素之一,正在成为企业最重要的战略资产。借助国际数据港的数据要素流通功能,可以加强行业大数据的汇聚和利用,加快"五个中心"相关产业的创新与升级。

企业层面上,大数据技术可以帮助"五个中心"相关企业提高研发设计、生产制造和经营管理效率,缩短产品开发周期并减少企业的生产管理成本支出。大数据可以帮助企业获得更为丰富全面的市场数据,从而更准确地了解客户行为及偏好,向市场提供更有价值的产品和服务。大数据也可以用来帮助企业分析市场趋势,预测未来市场变化,以便更好地制定商业策略。

产业层面上,大数据可以促进"五个中心"相关企业建立协同化的研发设计、生产制造、经营管理、营销服务等平台,推动企业内部加快经营管理、生产制造和数据平台有效整合,促进企业外部产业链、供应链上下游协同等研发、生产、服务新模式,加快形成生产群聚效应,实现数据资源聚合、标准统一、互惠互利,以数据共享和业务协同实现企业内外部的各类资源要素共享与利用。

(三)通过数据跨境流动实现全球经营

数据作为一种关键的生产要素,在经济活动中参与价值转移与价值创造，并推动了劳动力、土地、资本、技术等传统生产要素深刻变革与优化重组。在经济全球化背景下，数据跨境流动是经济全球化的必然结果，也是推动经济全球化的重要驱动。据世界银行 2021 年报告估算，2022 年全球数据流动量将超过 153000GB，是 2012 年的 9 倍 [①]，这种流动主要是跨国企业因为业务需要进行的数据跨境流动。

随着越来越多的中国及上海企业走出国门、走向世界，它们都需要构建覆盖全球的研发网络、生产网络、物流网络、服务网络，背后都需要大量的跨境数据流动。而上海建设的国际数据港，将可以为这些企业实现海量、畅通、便捷、安全的跨境数据流动提供最佳的平台与通道。

（四）国内外规则对接作用

"五个中心"建设需要加强国内外经贸规则的对接，国内外经贸规则对接的关键是数据内容、数据接口、数据安全等数据规则的对接。国际数据港作为上海在数字化领域对外开放的重要窗口，可以成为国内外规则对接的试验区。

一方面，对于中国尚无的数据规则领域，可以直接对接国际上的成熟规则，探索采用国际通行办法作为纠纷处理原则，减少各类经贸诉讼和仲裁的不便或损失。对于中国已有的数据规则领域，可以借助国际数据港的试验区功能，推动国内外规则的兼容。

---

① 参见 http://www.cena.com.cn/infocom/20230220/119040.html。

另一方面，利用国际数据港可以促进中国方案的输出，在与全球制造、金融、贸易、航运及科创相关的数字关境、税收政策、数据流动、信用体系、消费者隐私保护、互联网安全、数字产品跨境交付规则、知识产权和电子支付相关的数字货币等方面，争取输出中国方案，以建立更加公平合理的全球经济、贸易和科技新秩序[①]。

二、"五个中心"对国际数据港建设的拉动作用

"五个中心"建设对国际数据港发展具有极大的拉动作用。数据要素必须与其他要素结合才能产生价值，国际数据港也必须与贸易港、金融港、创新港等结合，才能获得持续发展驱动力。

（一）需求牵引作用

大数据与实体经济的融合应以满足市场和社会需求作为出发点，国际数据港的建设力度最终取决于对国际数据流动的需求量。从我们开展的课题调研来看，当前上海国际数据港建设中所面临的很多问题都是市场的有效需求不足。例如，针对上海海光缆相比于其他国际中心城市密度不高的问题，国内三家主要电信企业都反映，当前上海的海光缆是充足的，甚至有部分海光缆是冗余的（即已建成但限于运营成本，故未点亮开通），存在的主要问题是跨国数据流动需求不足，未来只要有市场需求，海光缆容量可以很快扩展。"五个中心"的纵深发展后，如能在数字贸易、跨境电商、跨境支付等领域推动建立丰富的跨国数字化应

---

① 熊励：《上海率先构建全球数字贸易平台研究》，《科学发展》2019 年第 12 期。

用，必将带来巨大的跨国数据流动需求，催生跨国数据消费并极大推动相关国际网络枢纽设施建设。

（二）数据导流作用

国际数据港建设的核心在于汇聚全球数据资源，而数据汇聚主要有两种途径：一是通过发展各类数据要素产业（如数据内容产业、数据中心产业、数据交易产业等），实现世界各地的数据资源向特定区域汇聚，汇聚目的地通常是数据要素产业高地；二是通过各类传统产业（包括制造业、服务业等）的全球业务网络，在实现物流、资金流、商品流、技术流汇聚的同时，实现数据流的汇聚，汇聚目的地通常是产业链枢纽所在地。

虽然当前数据已成为一种单独的生产要素，但现实中大量的数据要素仍依附于其他要素而生成、流动和利用。与"五大中心"相关的制造、金融、贸易、航运及科创等行业中，相关跨地区及跨国业务的开展都伴随着大量数据的跨地区及跨国流动。因此，上海建设成"五大中心"，必然意味着上海也将成为全球制造、金融、贸易、航运及科创数据的汇聚中心，而且"五大中心"的建成度越高，相关数据的汇聚度也越高。可见，"五大中心"天然具有相关行业数据导流作用，将引导全球制造、金融、贸易、航运及科创数据向上海汇聚，为国际数据港建设提供丰富的原料。

（三）场景创新作用

借助国际数据港的功能，发展新型专业数据服务产业。从第一章的分析来看，国际数据港不仅只是一个数据汇聚的区域，也是数据创新应用的高地，未来上海国际数据港除有数据资源型企业和机构之外，还需要吸引和培育一批大数据创新应用型企业。而"五个中心"的建设与发展，为大数据创新应用提供了极为丰富的应用场景，涵盖制造、金融、贸易、航运及科创的各个价值环节。

与电子商务产业类似，大数据产业可分为综合性和垂直型产业，前者是指面向所有行业的大数据技术研发、大数据产品、大数据服务等业务，后者是指面向特定行业进行深度数据开发利用的专业型数据业务。从过程软件和信息服务业的历程来看，上海大数据产业发展的竞争力在于垂直型数据产业，而与"五个中心"相关的工业数据服务、金融数据服务、贸易数据服务、航运数据服务、科创数据服务等更是核心优势，是上海国际数据港要着重培育和发展的大数据产业领域。

（四）生态培育作用

国际数据港的建设，除了需要数字网络、数据技术和数据资源等数字要素之外，还需要资金、人才等诸多传统要素以及城市知名度、影响力、美誉度等软要素，同时城市还应当具备完善的交通、医疗、教育、生活等基础设施。

"五个中心"建设有助于上海吸引全球优质的资金、人才等要素资源，特别是上海大数据产业发展所急需的既精通大数据技术又熟悉传统行业的复合型人才。同时，"五个中心"建设将促进城市各类功能设施的完善，构建高品质的生活和工作环境，增强对全球企业和人才的吸引力，同时也将大大提升上海在全球的知名度和影响力。更重要的是，"五个中心"建设将推动上海由以前的内向型工商城市向国际经济中心城市的功能转变，帮助上海的本地大数据企业更充分地了解外部世界，同时也促进海外企业和机构了解上海的大数据产业，从而推动上海与海外在大数据产业方面的交流合作。

第五节　相关研究及创新之处

国际数据港与"五个中心"融合发展的本质是大数据与实体经济的深度融合（数实融合）。在推动我国经济社会高质量发展过程中，数实融合是一项关键举措，中央对此进行了全面部署，同时学术界也对此开展了大量研究。在展开本书论述之前，本节将对这些部署和研究进行简要梳理。

一、数实融合概念的提出与发展

2016 年 4 月 19 日，习近平总书记在网络安全和信息化工作座谈会上指出，"着力推动互联网和实体经济深度融合发展，以信息流带动技术流、资金流、人才流、物资流，促进资源配置优化，促进全要素生产率提升"，这是中央高层首次提出数字技术与实体经济融合发展[①]。其后中央在相关会议或文件中多次提出促进数字技术、数字经济与实体经济融合发展的论述，如表 1-3 所示。

---

① 欧阳日辉：《数实融合的理论机理、典型事实与政策建议》，《改革与战略》2022 年第 5 期。

表 1-3　中央文件中有关数实融合的论述

政策提出时间	会议或文件	相关论述
2016 年 4 月 19 日	网络安全和信息化工作座谈会	着力推动互联网和实体经济深度融合发展，以信息流带动技术流、资金流、人才流、物资流，促进资源配置优化，促进全要素生产率提升。
2016 年 10 月 9 日	中共十八届中央政治局第三十六次集体学习	加强信息基础设施建设，推动互联网和实体经济深度融合，加快传统产业数字化、智能化，做大做强数字经济，拓展经济发展新空间。
2017 年 10 月 18 日	党的十九大报告	加快建设制造强国，加快发展先进制造业，推动互联网、大数据、人工智能和实体经济深度融合，在中高端消费、创新引领、绿色低碳、共享经济、现代供应链、人力资本服务等领域培育新增长点、形成新动能。
2017 年 12 月 8 日	中共十九届中央政治局第二次集体学习	构建以数据为关键要素的数字经济……推动实体经济和数字经济融合发展人工智能同实体经济深度融合。
2018 年 4 月 20 日	全国网络安全和信息化工作会议	推动互联网、大数据、人工智能和实体经济深度融合，加快制造业、农业、服务业数字化、网络化、智能化。
2018 年 10 月 31 日	中共十九届中央政治局第九次集体学习	促进人工智能同一、二、三产业深度融合，以人工智能技术推动各产业变革。
2019 年 10 月 24 日	中共中央政治局第十八次集体学习	加快区块链和人工智能、大数据、物联网等前沿信息技术的深度融合，推动集成创新和融合应用。推动区块链和实体经济深度融合，利用区块链技术探索数字经济模式创新。
2020 年 3 月 30 日	《中共中央　国务院关于构建更加完善的要素市场化配置体制机制的意见》	提升社会数据资源价值。培育数字经济新产业、新业态和新模式，支持构建农业、工业、交通、教育、安防、城市管理、公共资源交易等领域规范化数据开发利用的场景。
2020 年 10 月 29 日	《中共中央关于制定国民经济和社会发展第十四个五年规划和二〇三五年远景目标的建议》	推动互联网、大数据、人工智能等同各产业深度融合，推动先进制造业集群发展，构建一批各具特色、优势互补、结构合理的战略性新兴产业增长引擎，培育新技术、新产品、新业态、新模式。

续表

政策提出时间	会议或文件	相关论述
2021 年 3 月 12 日	《中华人民共和国国民经济和社会发展第十四个五年规划和 2035 年远景目标纲要》	充分发挥海量数据和丰富应用场景优势，促进数字技术与实体经济深度融合，赋能传统产业转型升级，催生新产业新业态新模式，壮大经济发展新引擎。
2021 年 10 月 18 日	中共十九届中央政治局第三十四次集体学习	充分发挥海量数据和丰富应用场景优势，促进数字技术与实体经济深度融合，赋能传统产业转型升级，催生新产业新业态新模式，不断做强做优做大我国数字经济。推动互联网、大数据、人工智能同产业深度融合，加快培育一批"专精特新"企业和制造业单项冠军企业。
2021 年 12 月 12 日	《"十四五"数字经济发展规划》（国发〔2021〕29 号）	以数据为关键要素，以数字技术与实体经济深度融合为主线，加强数字基础设施建设，完善数字经济治理体系，协同推进数字产业化和产业数字化，赋能传统产业转型升级，培育新产业新业态新模式，不断做强做优做大我国数字经济，为构建数字中国提供有力支撑。促进数字技术向经济社会和产业发展各领域广泛深入渗透，推进数字技术、应用场景和商业模式融合创新，形成以技术发展促进全要素生产率提升、以领域应用带动技术进步的发展格局。
2021 年 12 月 21 日	《要素市场化配置综合改革试点总体方案》（国办发〔2021〕51 号）	在金融、卫生健康、电力、物流等重点领域，探索以数据为核心的产品和服务创新，支持打造统一的技术标准和开放的创新生态，促进商业数据流通、跨区域数据互联、政企数据融合应用。
2022 年 10 月 16 日	党的二十大报告	加快发展数字经济，促进数字经济和实体经济深度融合，打造具有国际竞争力的数字产业集群。
2022 年 12 月 2 日	《中共中央 国务院关于构建数据基础制度更好发挥数据要素作用的意见》	坚持顶层设计与基层探索结合，支持浙江等地区和有条件的行业、企业先行先试，发挥好自由贸易港、自由贸易试验区等高水平开放平台作用，引导企业和科研机构推动数据要素相关技术和产业应用创新。

资料来源：笔者根据相关文件进行整理。

二、相关理论研究进展

随着信息技术对经济社会的渗透与影响不断加深，跨界融合已成为技术创新和产业发展的新常态。虽然目前尚无专门针对大数据与"五个中心"建设融合相关的研究，但许多学者围绕大数据与实体经济融合（以下简称"数实融合"）开展了大量研究，形成了较为丰富的成果，从研究视角出发大致可分为四类。

第一，技术创新视角的研究，将数实融合视为产业利用数字技术开展创新过程。其通过互联网获取数据资源而建立新型生产模式，不仅实现技术上的颠覆和突破，同时也实现产业模式、产业业态的创新。因此数实融合的重点在于大数据创新资源供给、创新环境营造、创新能力培育、创新主体协作等 [1]。

第二，生产要素视角的研究，将数实融合视为数据要素的投入产出过程。许多学者通过实证研究证明，增加数据要素投入可加快实体经济发展、提升经济竞争力，同时还量化测算了数据要素对产业发展的拉动作用，并提出了加快数据与实体经济融合机制建设、构建数据资本基础统计体系、加强对数据资本产权的立法保护等建议 [2]。

---

[1] 赵越、苏鑫：《中国大数据产业创新系统协同演化机制——基于哈肯模型的实证分析》，《技术经济与管理研究》2021 年第 3 期；邸晓燕、张赤东：《基于产业创新链视角的智能产业技术创新力分析：以大数据产业为例》，《中国软科学》2018 年第 5 期。

[2] 李远刚：《区域大数据与实体经济深度融合实证分析》，《工业技术经济》2021 年第 8 期；刘德林、周冬：《大数据产业发展与地方经济增长》，《统计与决策》2021 年第 19 期；徐翔、赵墨非：《数据资本与经济增长路径》，（转下页）

第三，信息化视角的研究，将数实融合视为传统产业数字化转型发展过程。包括：通过数据产业化，形成规模庞大的数据采集、加工、存储、传输、流通等新型产业，放大实体经济规模；通过产业数据化，打通企业内外部资源，提高产品或服务的有效供给，降低生产和服务成本，实现产业结构优化与升级 [1]。

第四，产业链视角的研究，将数实融合视为产业链对接融合过程。一方面，大数据产业向传统产业领域进行延伸和渗透，驱动传统产业链升级和重组；另一方面，传统产业生态圈为大数据产业提供人才、技术、资本、信息等要素，促进大数据产业的集聚与发展 [2]。

三、本书的研究思路与创新之处

上述成果为本书研究奠定了坚实基础，但也要看到，这些成果主要都是从大数据赋能实体经济发展的角度来研究数实融合，忽视了通过发展实体经济来赋能大数据产业。本书将针对这一薄弱环节，以上海"五

（接上页）《经济研究》2020 年第 10 期；惠宁、陈锦强：《中国经济高质量发展的新动能：互联网与实体经济融合》，《西北大学学报》（哲学社会科学版）2020 年第 5 期。

[1] 罗茜、王军、朱杰：《数字经济发展对实体经济的影响研究》，《当代经济管理》2022 年第 7 期；欧阳日辉：《数实融合的理论机理、典型事实与政策建议》，《改革与战略》2022 年第 5 期；胡西娟、师博、杨建飞：《数字经济优化现代产业体系的机理研究》，《贵州社会科学》2020 年第 11 期；何大安：《互联网应用扩张与微观经济学基础——基于未来"数据与数据对话"的理论解说》，《经济研究》2018 年第 8 期。

[2] 翟丽丽、刘晓珊、杨彩霞：《基于 Logistic- 熵的大数据产业生态系统演化路径研究》，《科技进步与对策》2023 年第 1 期；王冲：《数字经济与传统产业融合发展的理论、机制与策略》，《商业经济研究》2022 年第 8 期。

个中心"为主要领域，深入分析大数据与实体经济之间的"双向赋能"作用，进一步完善数实融合的相关理论。

本书分为十章，主要包括五个部分，一是概念、背景与意义研究（第一章），主要是分析国际数据港的内涵、特点与建设意义，推动国际数据港与"五个中心"的相互作用以及融合必要性等；二是国际数据港的国内外发展态势研究（第二、三章），主要是分析国外主要城市的大数据产业发展态势、国内外城市国际数据港发展水平评估与比较、上海国际数据港建设的现状与问题；三是国际数据港与"五个中心"融合机理研究（第四章），主要借助产业融合理论分析了数实融合的三个层次，包括技术融合、业务融合和产业融合，并梳理了国际数据港与"五个中心"的融合点；四是国际数据港与"五个中心"融合方式（第五、六、七、八、九章），分别分析了国际数据港与制造、金融、贸易、航运和科创的融合过程、现状与问题；五是国际数据港与"五个中心"融合发展对策（第十章），提出了融合目标、主要任务、支撑条件和保障措施等。研究思路如图 1-4 所示。

本书研究内容在以下方面有所创新：

第一，提出"两大战略联动"的发展思路。"五个中心"建设和国际数据港建设都是中央对上海提出的要求，无论从现实的发展还是未来的趋势来看，两者都有着紧密的内在联系。同时在大数据时代，"五个中心"的内涵也发生着蝶变：不再拘泥于追求产量、货物量、资金量、商品量的多寡，而应着重于在五大行业打造具有全球影响力的数据枢纽节点，形成可对标全球中心城市的专业性数据产业，增强基于大数据的全球资源配置、科技创新策源、高端产业引领和开放枢纽门户等城市功能。

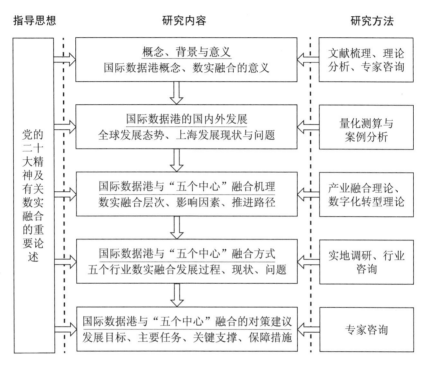

图 1-4 本书的研究思路

第二，提出"数实双向赋能"的发展策略。上海一方面要以国际数据港为底座，将数据资源深度融入上海的经济价值创造体系，加快经济、金融、贸易、航运、科技创新中心的数据化，建设"五个中心"数字化升级版；另一方面在"五个中心"建设中要加强行业性数据要素的集聚与利用，形成行业性数据枢纽节点，催生新型专业性数据产业，充实国际数据港的发展内涵和产业基础。

第三，建立了国际数据港评估模型。本书根据国际数据港的概念和内涵，同时考虑到数据的可获得性，构建了以 5 个一级指标、13 个二级指标、22 个三级指标组成的全球城市"国际数据港"评估指标体系，对国内外 10 个城市的大数据产业发展水平进行评估和比较，明确上海国际数据港在国内外所处的位置。根据文献搜索来看，这是目前国内外首个开展全球范围内城市层面上的大数据发展水平评估模型。

第四，提出"一二三四五"的发展对策，即"一个目标"（打造国际一流数据港）、"二项任务"（推进产业数据化、加快行业数字化转型，推进数据产业化、培育新型数据产业集群）、"三个支撑"（数据"网络通"、数据"市场通"、数据"跨境通"）、"四大平台"（行业性数据枢纽节点、多层次数据流通板块、企业走出去数据母港、数据创新应用试验区）、"五项保障"（建立多层次推进体系、加大高质量要素供给、探索创新型制度安排、加强数据港品牌建设、深化国内外合作交流）。

第二章

全球重点城市数据港建设发展态势

2022 年 6 月 23 日，习近平主席在金砖国家领导人第十四次会晤上的讲话中指出："谁能把握大数据、人工智能等新经济发展机遇，谁就把准了时代脉搏。"[①] 放眼全球，世界已经进入由数据资源主导的"大数据时代"，美国、欧盟、日本、韩国等发达国家均将发展大数据作为重要的国家战略，纷纷出台相关政策不遗余力加快发展，力图占据全球数据产业高地，上海国际数据港建设面临着激烈竞争。为分析上海面临的全球竞争态势，本章将在梳理和分析国外城市数据产业发展实践的基础上，建立评估指标体系，对国内外若干重点城市的数据产业发展水平进行量化评估和比较，明确当前上海国际数据港的全球地位与强弱项，为进一步完善相关政策和战略提供科学依据。

第一节　国外城市数据产业发展经验

综观全球，以纽约、洛杉矶、伦敦、东京、巴黎为代表的国家数据枢纽节点城市，无不在全面提升网络数据基础设施的高速连通性、全力

[①] 习近平：《构建高质量伙伴关系　开启金砖合作新征程——在金砖国家领导人第十四次会晤上的讲话》，中国政府网，https://www.gov.cn/gongbao/content/2022/content_5699921.htm，2022 年 6 月 23 日。

释放大数据的产业红利、推动以数据开放为基础的开发创新、推进城市传统优势产业与大数据融合发展、探索数据中心（IDC）行业的模式和绿色转型、大力发展数据交易市场激活数据资产价值等方面，采取了系统性的政策和措施。

一、重启网络新基建，保持全球城市领先地位

高速的互联网络和强大的计算中心能够支撑海量数据的传输与处理，是国际数据港最重要的两大硬件基础设施。为此全球各大城市都根据大数据产业发展需求，不断提升数字基础设施能级。

（一）建设高速联通＋全面覆盖的数据基础设施

新加坡全面落实 5G 移动数据网络，扩大多网融合与光纤接入覆盖范围。作为 BuddeComm"亚洲电信成熟度指数"中东南亚排名第一、OpenSignal4G 网速世界排名第一的城市，新加坡 4G 网速位列全球第一，网络覆盖率接近 99%，计划到 2025 年实现 5G 网络全覆盖。同时新加坡 95% 的光纤入户渗透率排名世界第一，作为"下一代国家宽带网络计划"（NGNBN）的一部分，政府致力于提供 1GB/s 的光纤接入服务，并形成 FttP 和无线网络的结合。此外新加坡广布智能传感设备，已经成为世界上第一个采用"传感器通信主干网"技术设计的国家，全岛密布了用于数据采集的"AG Boxes"传感设备。

东京打造"互联东京"加速推进 5G 技术和信息基础设施建设。2019 年启动东京数据高速公路计划，旨在为整个东京都地区开发 5G，建立强大的移动网络。市政府组建专门的 5G 区域开发团队；在东京政府大楼、道路、公共汽车站、大都市公园及大学等地点部署基站；协调四家基础运营商的 5G 部署，支持共建共享 5G 基础设施。另外，大力推动"智能公交车站"、远程医疗、ICT 教育等项目。

伦敦高度重视数据跨系统整合，加强数据与传统基础设施的融合。提出建设"世界一流的连接"，并推出了多项行动计划：实施伦敦连接（Connected London）工程，实现无处不在的千兆位数字连接，消除无网络覆盖区域；推进光纤入户、推动 5G 应用测试、加强街道和公共建筑的公共 WiFi 等；通过重大联合采购支持智能路灯杆等新一代智能基础设施；制定智能基础设施的通用标准，实现设计、建设、管理的协同。提出建设城市基础设施 3D 数据库，包括地上基础设施和地下管网的数据，允许数据集相互关联。

（二）树立落实数据基础设施建设中的人本理念

纽约数据基础设施建设始终立足"绿色""强大""公平""弹性"的价值原则，以求为多语言、多种族、多群体的服务对象打造"公平"的数据治理范式与服务供给模式。2020 年实施的《纽约市互联网总体规划》计划在 18 个月内投资 1.57 亿美元，连接 60 万纽约人，实现所有五个行政区高速互联网访问，优先考虑 20 万纽约市公共住房社区的高速互联网部署。纽约市互联网总体规划对未来互联网设计了五项原则，即公平、性能、可承受性、隐私和选择。这些原则将作为衡量成功与否的标准，并作为纽约市宽带基础设施和服务的设计参数。

新加坡大力推进新宽带基础设施和服务建立伙伴关系，确保所有民众从高速连通中获益。作为全球经济最发达、人口密度最大的世界顶级大都市之一，应对不同多元种族、多元文化、多元宗教等城市人群输出公平普惠的数据服务，在数据基建中注重用户参与与服务反馈，积极鼓励用户参与数据开放；通过服务沉淀数据，依靠数据反哺服务，从而持续优化新加坡整个城市的数据治理水平与城市服务创新能力，形成数据驱动城市运行的良好循环。

二、重视算法决策，重振超大城市创新产业

算法能够从大量数据资源中提炼出人们所需要的结果，是实现数据价值化的关键所在。因此各大城市都争相投入大量人力财力，力争在基础算法和核心算法上保持竞争优势。

（一）利用算法自动决策提升超大城市治理效率

纽约大力推动算法作为公共资源分配与社会治理基础。政府部门逐渐使用并依赖算法的自动化决策，推动纽约成为全球率先推进算法赋能城市治理的领先样本。2017年12月，纽约市议会通过《关于政府机构使用自动化决策系统的当地法》，推动一系列规制目的，其中包括明确界定需要受到规制的政府机构自动化决策系统、制定判断是否存在算法歧视的程序等。2018年1月，《自动化决策特别工作组法》正式生效成为法律，市长组建算法特别工作组，展开了算法监管行动，监管目标为政府使用的各种算法。

（二）依托基础算法推动传统都市产业重焕生机

伦敦依托在基础算法领域的全球领先位置，迅速抢占人工智能欧洲

"首位城市"的地位。现在，伦敦已经成为欧洲最大的第三方数据中心市场、全球领先的大数据分析和人工智能创新中心，以及金融科技创新中心。伦敦汇聚了大量基础算法数据企业，尤其集中于深度学习以及应用深度学习的自然语言处理、语音识别和图像识别等领域。伦敦鼓励基础算法企业结合大都市丰富的行业需求不断开拓应用场景。例如，Aire 公司应用机器学习生成更好的信用评分；Tractable 公司尝试使检验工作更便宜更高效；ThirdEye 公司采用趋势分析和机器视觉来防止店内盗窃。大量应用于不同场景中的人工智能初创项目的出现，都得益于伦敦多样化综合性的行业产业生态。

三、落实"参与创新"精神，释放数据开放价值

在世界上绝大多数国家，政府部门都是最大的数据资源创造者和拥有者。公共数据不仅规模巨大，而且还具有其他类型数据资源所无法比拟的质量和权威性，因此推动公共数据开放、吸引社会共同参与数据资源开发，也是国际数据港建设的重要内容。

（一）增强用户对数据公开的参与度

纽约注重提高数据开放的普惠性。根据《开放数据法案》要求提供了来自 50 多个组织的近 1600 个数据集，涉及教育、治安、电力、公交、环保等 10 多个主题。"纽约市数据开放平台"提供数以千计可公开下载的数据；鼓励市民和企业根据自身生活和发展的数据需求，通过"Open FOIL NY"的申请入口向 50 多个纽约的城市政府部门与公共服务机构提出数据开放请求。

伦敦重视推动开放数据的共享性。大伦敦市政府指定市各级机构、政府工作人员和其他数据捐助者将数据汇集到一个公共数据库网络"London Datastore",共形成 700 多个数据集、18 类城市数据,成为政府体系内众多行政部门和公共服务机构打破行政壁垒、实现数据共享、改善公共服务、应对城市挑战的重要抓手。此外,提高"数据包容性"(data inclusion)也是伦敦数据开放建设的重要任务。Talk London、Crowdfunding London、SpaceHive 等数据公众参与平台,目的便是提供无障碍访问数据服务,让更多市民参与公共政策决策与社会共治。

洛杉矶强调用户与开放数据的互动性。数据开放门户 Data.LACity.org 不仅鼓励用户将部分政府数据分享到 Youtube、Flickr 和 Facebook 等社交媒体上,并且设置了"问询""请求"和"问题报告"三大板块,通过邮件、@ 网站 Twitter、在线提问等方式搜集意见反馈、数据集申请、网站问题报告等,并从中整理出具有实用性的建议进行落实。此外,平台开放评论功能,用户可以建立个性化的网络社区对部分主题进行参与讨论,直接参与到公共事务中来。

(二)提升企业对公共数据的开发创新度

洛杉矶鼓励企业开发团队、专业软件开发员、数据科学家及各类第三方使用开放数据构建各类应用或结果。在"5C:市政部门(City)、市民(Citizens)、大学(Colleges)、社区(Community impact)和市政科技企业(Civic tech)"原则下释放元数据价值潜力。市政府任命首席数据官监督建设"数据提取引擎",构建数据集和应用程序编程接口和数据集与第三方分享。这种方法能极大地释放数据潜力，一方面，市政府与辖区内大学建立正式合作关系，开展研发项目提供解决方案拓展数据平台；另一方面，制定"市政科技企业"名录，允许此类企业使用城市公开 API 来开发应用或产品。

纽约支持企业和公共组织不断创造、深度挖掘元数据，推动数据应用场景向更高层次发展。大量开发团队、科技公司等作为主体分析者和开发者，对公开数据进行利用和研发，创新前沿科技和应用，创造出巨大的商业价值。例如利用公交出行数据开发"应用虚拟现实开发未来街道"等项目，每年产生经济溢出效应高达 1.3 亿美元。

东京加强与日本中央政府沟通协调，争取政策支持加快推动公私云服务的融合发展。优化中央政府和东京都政府互联平台，在公有云基础上，推进政府和企业混合云的运用，大力促进 SaaS（软件即服务）的运用，普及在线数字签名服务。制定数据开放标准，促进数据开放和代码开源，实现开放、共享、协同、生态，并且鼓励企业、个体、单位积极融入国际开源社区。政府与企业联合举办竞赛活动，促进民间技术团队通过政府公开数据和技术，为东京都当前面临的各类挑战提供新的解决方案，也为政府数据创新应用提供推动力。

四、立足城市自身特色，开创新型数据产业

发展本地数字产业、推动传统产业升级是建设国际数据港的目的和落脚点。为此各城市都十分注重培育数据产业生态，促进数字化创新创业，推动大数据与传统产业融合发展。

（一）推动城市优势产业与数据融合发展

纽约将其国际性金融中心城市基因与其大数据产业关键布局密融合，在金融、医疗卫生等领域加速挖掘大数据的价值。纽约作为金融领域大数据新技术的早期应用者，当前金融科技公司引领大数据浪潮，其中大部分直接或间接地与金融行业企业合作创建先进的大数据应用程序。

伦敦依托开放智慧城市建设生产和汇集的海量数据，大力发展人工智能产业。通过不断挖掘城市需求的更新变迁，使用数据技术和人工智能对数据资源加以开发利用，创新性地开辟出各种应用市场。目前，伦敦已成为清洁技术、数字健康、教育科技、移动创新的中心，还是金融科技、法律科技和支持创新的专业服务的全球枢纽。

（二）"官产学研投"联合完备数企创业生态

伦敦秉承"from idea to industry"理念，支持大学创业团队转型初创企业。伦敦政府通过建立大数据产业相关领域的加速器，鼓励全球各地的学术界以及产业界各相关方加入，利用该加速器项目来帮助伦敦数据企业发展。在市政府支持下，伦敦很多大学开设了大数据硕士和博士培养项目，伦敦帝国理工学院和伦敦大学学院（UCL）在数据科技领域表现尤为出色。

纽约充分发挥风险投资对初创企业成长的鼎力支持作用。纽约风投基金对数据行业领域的干预较为广泛，成功案例包括人工智能传感器团队 UtterBerry、远程健康照护解决方案提供商 Tunstall Healthcare；自动语音识别技术公司 Speechmatics、交互式产品文档认证以及安全认证公司 Bowater Industries 等。

洛杉矶将市场化产业生态集聚效应发挥到极致，成功打造"硅滩"数据产业生态圈。"硅滩"数据产业创新生态系统的特征在于"相互依赖"和"共生演进"：系统根基是 Hulu、TrueCar、MySpace 等传统互联网公司；系统中枢是谷歌（包括 YouTube）、雅虎、AOL 等互联网巨头的洛杉矶部门；系统延伸是 Snapchat、Whisper、Enplug 等炙手可热的创业公司；系统外围是 IdeaLab、StartEngine、Launchpad LA、Science 等创业孵化器与加速器，再加上相当规模的风投公司和富有投资者，从而构成了一个完整的创业生态圈。

五、发展新模式新理念，推动数据中心转型

大数据产业的发展需要建设和部署大量的数据中心（IDC），然而相关的数据服务器、储存设备、传输设施、备份装置、冷却系统等设施的运行都需要消耗大量电力。随着数据中心的规模越来越大，其往往也成为各地的"耗能大户"。在全球绿色化、低碳化发展背景下，各城市都纷纷采用节能降耗技术，推动数据中心的绿色化转型。

（一）IDC 行业绿色低碳转型

伦敦大力推动 IDC 行业的集约化低碳化发展。2012 年至今，伦敦数据中心开始进入整合、升级、云化新阶段，大型化、专业化、绿色是其主要特征，数据中心数量开始逐年减少，但单体建设规模却在激增。截至 2020 年底，伦敦及其周边超过 2000 平方米的大型数据中心已经超过 70 个。目前，伦敦正积极利用新一代绿色节能环保技术，降低数据中心 PUE 值，减少对大气的二氧化碳排放量和对外界环境的污染。

东京通过电力审批、高校科研合作等手段推动 IDC 的低碳化转型。东京数据中心成为亚太地区最大数据中心市场之一。在日本政府坚定的碳中和目标下，东京市政厅非常关注数据中心的节能化和绿色化问题。一方面，在 IDC 监管上，延长对国际运营商的电力供应审批，以此倒逼运营商更多使用可再生能源技术。另一方面，大力支持高效科研院所突破 IDC 冷却耗能等关键技术问题。

（二）IDC 行业 REITs 化转型

纽约 IDC 行业起步早，已经进入整合与模式深度转型阶段。IDC 厂商由于拥有大量数据中心资产，亦需要大量资金进行 IDC 的自建和收购，因此对 REITs（房地产信托投资基金）模式极为青睐，并借以改善资产流动性、提升对外持续融资能力、降低有效税率（派息税前扣除）。目前，REITs 化 IDC 厂商占全球 IDC 市场份额的比重约为 30%[1]。以 Equinix 为代表的全球数据中心龙头企业，不仅通过并购进行行业整合，更是逐渐加快向 REITs 的转型步伐。REITs 转型有利于 IDC 厂商盘活资金，加快数据中心自建与收购节奏，这也标志着纽约 IDC 产业逐步进入成熟期。IDC 向 REITs 成长的驱动力来自内生和外延两个部分。内生

---

[1] 梁程加、陈俊云、许英博、黄亚元：《中国 REITs 市场洞察系列报告之七：数据中心篇——数据中心 REITs 化的展望》，http://stock.finance.sina.com.cn/stock/go.php/vReport_Show/kind/industry/rptid/673737247190/index.phtml，2023 年 1 月 5 日。

方面，数据量的快速增长驱动全球数据中心需求不断增长，IDC 厂商通过自建数据中心的形式拓展业务规模；外延方面，数据中心公司通过并购运营商剥离的 IDC 资产以及其他成熟型数据中心，推动了客户数的快速增长。

洛杉矶 IDC 行业青睐 REITs，以实现资产流动性改善、有效税率降低的目标。作为全球最大批发型数据中心，位于大洛杉矶地区的 Digital Realty Trust（DLR）2004 年上市时拥有 23 座数据中心，占地 52 万平方米。自上市以来，DLR 派息额逐年增加，曾经入选全球 "Top 20 Dividend Stocks"。借助 REITs 化带来的融资能力，DLR 目前在全球拥有 214 座数据中心，近 3 年的营业收入分别为 21.4 亿、24.6 亿、30.4 亿美元，分别增长 21.5%、14.7%、24%，近 3 年净利润分别为 4.3 亿、2.5 亿、3.3 亿美元。

六、完善法制形成合力，促进数据开放流通

建设国际数据港，对内需要有成熟的数据法律体系，对外需要有开放的数据流通网络。近年来全球各城市都加快了数据立法的脚步，特别是加强了数据安全保护，同时通过建章立制和签署协议等方式，推动双边和多边的跨国数据共享与流通。

（一）健全法制体系为数据资源开发保驾护航

日本及东京政府在数据立法和标准制定方面走在全球前列。2016 年，《官民数据活用推进基本法》和《为实现数据流通平台间合作的基本事项》等相继推出。2017 年 5 月完成修订并实施的新《个人信息保

护法》，对个人信息的定义、匿名技术、数据追溯、数据跨境流动等方面的规定进行了完善。2019 年《欧盟日本数据共享协议》生效，促进了数据的跨域流动，允许个人信息在欧盟和日本间自由流动，并由此形成了全球最大的数据自由流通区域。东京层面，设立了"数据流通推进协会"（Data Trading Alliance）和"官民数据活动共通平台协会"（Data Platform Consortium），推动数据流通法律法规以及标准规范的制定。同时，东京政府还于 2018 年推动创立 EverySense Japan，作为负责管理"物联网"数据的独立交易平台，设定交易规则并提供支付服务，2021 年实现 30 亿日元的交易量，促进数据要素市场发展。

新加坡已经建成覆盖各个环节的数据立法体系。一是电信行业立法，为电信行业设定了广泛的许可和监管框架。二是个人信息和数据保护法，包括《个人数据保护法》《网络安全法案》《数据保护信任标记制度（DPTM）》，加入亚太经济合作组织（APEC）倡议构建的跨境隐私规则体系（Cross-Border Privacy Rules，CBPR）。三是网络内容治理法律。2019 年 10 月《防止网络虚假信息和网络操纵法》正式生效。四是人工智能治理法律。2019 年 1 月，PDPC 与 IMDA 联合提出《示范性人工智能治理框架》。五是物联网网络安全法律。2020 年 3 月 13 日，IMDA 发布了《物联网网络安全指南》。

伦敦建立数据分析办公室（LODA），研究落实城市数据新政。引入数据专家团队开发使用案例，并形成公共数据使用的道德规范、数据标准、法律文件、流程指南和开源工具。此外，还计划建立伦敦技术与创新办公室（London Office of Technology and Innovation，IOTI），促进数字服务和智能技术在公共服务中的应用，促进跨部门跨区域的共享与合作。

（二）推动国际间大数据合作促进数据资源跨境流通

东京是日本最具竞争力的数据中心市场，同时东京商业发展繁荣，企业依靠大数据创新辐射产业链高速增值。因此，日本积极推动国际数字流通交易规则的制定，助推本国企业和数据扩大市场份额。日本积极与美国、欧盟国家谈判，推进"美国—欧盟—日本"的数据跨境自由流动框架，并加入跨境隐私规则体系，列入 15 个日本隐私执法机构名单，落实问责代理的法规和执行机构，积极对接国际数据流通规则，致力于构建一个开放且安全的信息市场。2019 年 1 月日本提出基于信任的"数据自由流动体系"概念，并在 6 月的 G20 大阪峰会上明确建立"数据流通圈"立场，与各方积极商谈新的国际数据监督体系，推动全球数据的自由流通并制定全球通用的流通规则。

新加坡于 2018 年 2 月加入跨境隐私规则体系，统一本国与其他成员（美国、墨西哥、加拿大、日本、韩国）之间的数据流动规则，同时签署处理器的隐私识别（Privacy Recognition for Processors System，PRP）协议，在保障个人数据不被非法披露和滥用的基础上，使得本国企业可与 CBPR、PRP 成员国认证的企业自由传输数据。2018 年 3 月，新加坡加入《全面与进步跨太平洋伙伴关系协定》（CPTPP），CPTPP 强调数据跨境自由流动、限制数据本地化措施、重视个人信息保护。

2020 年 6 月，新加坡、智利、新西兰三国签署《数字经济伙伴关系协定》（DEPA），DEPA 以电子商务便利化、数据转移自由化、个人信息安全化为主要内容，并就加强人工智能、金融科技等领域的合作进行了规定。

第二节 重点城市数据港发展水平评估

上文梳理和分析了全球重点城市在推动大数据技术创新和产业发展方面的实践和经验，为准确把握上海在全球"数据版图"中的位置，本节将采用定量评估方法，明确上海及主要对标城市的大数据产业发展水平。

一、评估模型与内容

本书以上海及主要对标城市为对象，从各类公开渠道获取与各城市大数据产业发展相关的数据，并利用指标体系法对各城市数据港发展水平进行量化评估。

（一）评估指标体系

根据国际数据港的概念和内涵，同时考虑到数据的可获得性，本书构建了以 5 个一级指标、13 个二级指标、22 个三级指标组成的全球城市"国际数据港"评估指标体系。其中一级指标包括设施就绪度、市场活跃度、产业集聚度、生态支撑度、行业开放度共五个维度，如表 2-1 所示。

指标权重设置采取主观评估和平均权重相结合的方法。对于五个一级指标，根据相关专家对各指标重要性的看法，分别赋权为 0.2、0.25、0.25、0.15、0.15；对于二级和三级指标，全部采用平均权重方法进行赋权。

表 2-1　全球城市"国际数据港"评估指标体系

一级指标	权重	二级指标	三级指标
设施就绪度	20%	网络设施	宽带网络普及率
			城市网络速度
		计算设施	数据中心建设规模
			算力保障能力
市场活跃度	25%	数据供给	数据资源供给水平
		数据使用	数据使用规模
			数据使用水平
产业集聚度	25%	产业创新	基础研究水平
			应用研究能力
		企业培育	本地数字企业整体实力
			创新型数字企业发展水平
		产业发展	数字产业发展水平
			金融数字化水平
			交通数字化水平
			电子商务发展水平
生态支撑度	15%	科研机构	重要科研机构数量
		数字人才	专业人才集聚水平
			民众数字化技能
		要素成本	数据中心建设成本
		数字安全	数字安全保障水平
行业开放度	15%	海外投资	海外投资便利度
		数字营商	数字创业便利度

（二）评估对象

为开展全球范围中重要城市的数据港发展水平比较，同时考虑到工作量和数据可获得性，本书从三个维度选取了包括上海在内的 10 个城市进行评估和比较。选取城市的依据，一是根据国内大数据产业发展现状，选取上海在国内的主要对标城市；二是依据全球化研究所（GaWC）的"世界城市排名"，选取可以与上海对标的全球中心城市；三是根据瑞士 IMD 的智慧城市指数，选取智慧化水平较高的城市。

本书最终选取了 10 个城市，如表 2-2 所示。其中，国内城市包括北京、上海、深圳、香港；国外城市包括东京、新加坡、纽约、洛杉矶、伦敦、巴黎。这 10 个城市基本上涵盖了国内外规模体量、发展水平和发展目标与上海具有对标性、同时数字化发展水平又处于国内外领先的国际化大都市。

表 2-2　国际数据港发展评估的对象城市

区　　域	数　　量	城　　市
境内	3	北京　上海　深圳
境外（亚太）	3	香港　东京　新加坡
境外（欧美）	4	纽约　洛杉矶　伦敦　巴黎

（三）数据来源

对表 2-1 中所列出的 22 个三级指标，本书主要从三个来源获得相应数据，从而对这些指标加以测度：一是笔者所在单位上海社科院信息所的研究积累，包括公共数据开放、信息产业能级等；二是国内外权威报告，如经济合作与发展组织（OECD）、领英、戴德梁行等机构关于数字投资政策、数字化人才、数据中心发展等方面的研究报告；三是专业数据库或数据平台，如从 Web of Science 和中国知识产权网中获得有

关论文和专利的数据，从 Speedtest.net、英国 Quacquarelli Symonds 的
QS 世界大学排名、美国 CBInsights 中获得有关网络速度、科研机构和
独角兽企业的数据。具体各指标的数据来源、测度单位以及数据年份如
表 2-3 所示。

表 2-3　国际数据港发展评估指标的数据来源

三级指标	测度指标（单位）	数据来源	数据年份
宽带网络普及率	移动宽带接入水平（%）	课题组从城市官网自行采集	2021
城市网络速度	移动宽带（5G）下载速度（Mbps）	Speedtest.net	2021
数据中心建设规模	数据中心开发电力管线（兆瓦）	英国戴德梁行《全球数据中心市场比较》报告	2022
算力保障水平	云计算可用性（排名得分）	英国戴德梁行《全球数据中心市场比较》报告	2022
数据资源供给水平	公共数据开放水平（分）	上海社科院信息所《全球城市公共数据开放》报告	2022
数据使用规模	数据中心市场规模（MW）	英国戴德梁行《全球数据中心市场比较》报告	2023
数据使用水平	数据中心空置情况（比例）	英国戴德梁行《全球数据中心市场比较》报告	2022
基础研究水平	国际数字技术专利申请量（个）	中国知识产权网（CNIPR）	2022
应用研究能力	国际数字技术论文发表数量（篇）	Web of Science	2022
数字企业整体实力	智慧经济（分）	上海社科院信息所《全球智慧之都》报告	2022
数字企业创业水平	数字化领域的独角兽企业数量（家）	美国 CBInsights 公司《独角兽企业完整列表》	2021
数字产业发展水平	城市 AI 竞争力（分）	联合国全球人工智能办公室（UNOGAI）"城市竞争力排名"	2021
金融数字化水平	科技金融指数（分）	中国（深圳）综合开发研究院《全球金融中心指数》报告	2020

续表

三级指标	测度指标（单位）	数据来源	数据年份
交通数字化水平	智慧交通（分）	瑞士国际管理发展学院（IMD）《全球智慧城市指数》报告	2021
电子商务发展水平	电子商务（分）	瑞士国际管理发展学院（IMD）《全球智慧城市指数》报告	2021
重要科研机构数量	计算机科学与信息系统全球高校排名（分）	美国 QS News《全球大学排名》	2021
专业人才集聚水平	全球数字人才吸引力（分）	领英公司《全球数字人才报告》	2020
民众数字化技能	数据科学技能渗透率（比例）	领英公司《全球数字人才报告》	2020
数据中心建设成本	数据中心成本（usd/kWh）	英国 Turnerand Townsend公司《数据中心成本指数》报告	2020
数字安全保障水平	数字安全得分（分）	《经济学人》《全球城市安全度指数》报告	2021
海外投资便利度	数字产业的外国投资管制限制指数（分）	经合组织（OECD）《外国投资管制限制指数》	2020
数字创业便利度	数字业务开展便利度（分）	美国塔夫茨大学《数字业务开设便利度》报告	2020

（四）指标计算方法

本书中的指标计算分为两步。

一是将先将获取的实际数据进行无纲量化处理。方法如下：

对于正向指标 a（越高越好的指标，如网络下载速度），采用 $a_{城市}*100/max（a）$ 的方法取得指数值；

对于负向指标 a（越低越好的指标，如数据中心建设成本），采用 $max（a）*100/a_{城市}$ 的方法取得指数值。

对于一些城市之间存在数量级差异的指标,考虑到指标的显示度,对其采取对数法进行处理,以减少相关指标差异。

二是对数据进行加权处理。各城市"国际数据港"评估指标计算采用加法合成法,即:

国际数据港发展指数＝设施就绪度分值*0.2+市场活跃度*0.25+产业集聚度分值*0.25＋生态支撑度*0.15+行业开放度分值*0.15

二、评估结果与分析

将上述数据代入评估模型进行计算之后,即得到各城市数据港发展水平对应的分值。下面从总体状况和各个城市的得分两个方面,对计算结果进行分析。

(一)总体评估结果

经过指标计算,得出10座全球城市"国际数据港"综合得分和排名,以及5个一级指标的得分和排名。其中,综合排名第一的城市是纽约,其后依次是伦敦、新加坡、北京、上海、巴黎、深圳、香港、东京、洛杉矶。评估结果见表2-4。

表2-4　全球重点城市"国际数据港"评估结果

城市	设施就绪度得分	市场活跃度得分	产业集聚度得分	生态支撑度得分	行业开放度得分	国际数据港发展水平得分	总排名
纽约	46.7	76.9	87.9	71.8	94.5	75.5	1
伦敦	56.7	75.3	73.1	72.4	99.9	74.3	2
新加坡	49.6	71.5	76.4	74.5	89.9	71.5	3
北京	51.2	78.3	90.2	66.3	43.2	68.8	4
上海	52.4	72.8	88.5	67.1	43.2	67.3	5

续表

城市	设施就绪度得分	市场活跃度得分	产业集聚度得分	生态支撑度得分	行业开放度得分	国际数据港发展水平得分	总排名
巴黎	37.1	63.9	74.3	77.0	91.8	67.3	6
深圳	54.7	77.2	82.7	61.4	43.2	66.6	7
香港	69.8	60.5	65.9	76.8	58.2	65.8	8
东京	48.6	67.0	70.9	58.1	81.9	65.2	9
洛杉矶	40.9	60.7	64.0	68.6	94.5	63.8	10

从评估结果来看，10个城市国际数据港发展水平大致可以分为三个层次：纽约、伦敦、新加坡为第一梯队，各方面表现都比较突出；北京、上海、巴黎、深圳为第二梯队，有一项至两项得分比较靠前；香港、东京、洛杉矶为第三梯队，各个维度得分都比较靠后。当然，10个城市总体水平差异并不大，说明各城市都高度重视和大力推进数据产业发展，并无完全落后的城市。

同时从地域来看，排名前三的城市正好是美国、欧洲、亚洲各一个，说明美国、欧洲、亚洲国家尽管发展基础不一样，但数据产业发展方面的水平基本不相上下。

就中国而言，4个中国城市总体处于中游水平，特别是北京、上海已超过了东京、巴黎、洛杉矶这些传统意义上的国际大都市，这表明近年来中国在数字化和大数据发展方面取得了突飞猛进的成效，逐步赶超西方发达国家水平。

（二）各个城市分析

下面本书将就各个城市的数据港发展水平评估得分结果逐一进行分析。

1. 纽约

纽约的国际数据港得分排名全球第一，显示纽约作为全球经济、金融、贸易中心，同时在数字化时代也成为全球数据产业的领先者。从分项得分来看，纽约除设施就绪度得分较低之外（这与纽约城市建设起步较早、基础设施老化有关），其他各项得分都位居全球前列。具体如表 2-5 所示。

表 2-5　纽约国际数据港发展评估结果

城市名	纽约		
总分	75.50	总分排名	1
设施就绪度得分	46.7	设施就绪度排名	8
市场活跃度得分	76.9	市场活跃度排名	3
产业集聚度得分	87.9	产业集聚度排名	3
生态支撑度得分	71.8	生态支撑度排名	5
行业开放度得分	94.5	行业开放度排名	2

2. 伦敦

伦敦排名全球第二，显示其作为老牌国际金融中心和航运中心，也成为大数据领域的全球中心城市。各分项中行业开放度排名全球第一，设施就绪度、市场活跃度、生态支撑度也排名靠前，产业集聚度排名相对靠后。

表 2-6　伦敦国际数据港发展评估结果

城市名	伦敦		
总分	74.29	总分排名	2
设施就绪度得分	56.7	设施就绪度排名	2
市场活跃度得分	75.3	市场活跃度排名	4

续表

城市名		伦敦	
产业集聚度得分	73.1	产业集聚度排名	7
生态支撑度得分	72.4	生态支撑度排名	4
行业开放度得分	99.9	行业开放度排名	1

3. 新加坡

新加坡的数字化和数字产业发展一直引领全球发展，在本书评估中排名第三。同时，新加坡的各分项得分比较均匀，基本都位居全球第 5 位左右，显示新加坡在国际数据港建设的各方面表现比较平衡。

表 2-7　新加坡国际数据港发展评估结果

城市名		新加坡	
总分	71.55	总分排名	3
设施就绪度得分	49.6	设施就绪度排名	6
市场活跃度得分	71.5	市场活跃度排名	6
产业集聚度得分	76.4	产业集聚度排名	5
生态支撑度得分	74.5	生态支撑度排名	3
行业开放度得分	89.9	行业开放度排名	5

4. 北京

北京在 10 个城市中排名第四，在中国城市中排名第一。从各项来看，北京的得分可谓泾渭分明：一方面，市场活跃度、产业集聚度得分在 10 个城市中排名第一，生态支撑度和行业开放度排名则处于靠后位置。

表 2-8　北京国际数据港发展评估结果

城市名	北京		
总分	68.78	总分排名	4
设施就绪度得分	51.2	设施就绪度排名	5
市场活跃度得分	78.3	市场活跃度排名	1
产业集聚度得分	90.2	产业集聚度排名	1
生态支撑度得分	66.3	生态支撑度排名	8
行业开放度得分	43.2	行业开放度排名	8

5. 上海

上海在此次排名中得分第五，在 4 个中国城市中次于北京，在国际上领先于东京、巴黎、香港、洛杉矶等传统国际大都市。这都显示出上海在数字化和大数据产业发展方面发展迅猛，并取得突出成就，总体上目前已处于国内领先、国际先进水平。

表 2-9　上海国际数据港发展评估结果

城市名	上海		
总分	67.34	总分排名	5
设施就绪度得分	52.4	设施就绪度排名	4
市场活跃度得分	72.8	市场活跃度排名	5
产业集聚度得分	88.5	产业集聚度排名	2
生态支撑度得分	67.1	生态支撑度排名	7
行业开放度得分	43.2	行业开放度排名	8

6. 巴黎

巴黎排名第 6 位，显示这个老牌国际中心城市也面临着加快数字化转型发展的重任。值得注意的是，其分项得分中，生态支撑度在 10 个城市中排名第一，这得益于巴黎在计算机科学与信息系统全球高校、数字化人才吸引力、数字安全、数据产业发展成本等方面的表现都比较好。但巴黎的基础设施和数据市场活跃度表现较差，均处垫底水平。产业集聚度和行业开放度也处于中游水平。

表2-10　巴黎国际数据港发展评估结果

城市名	巴黎		
总分	67.29	总分排名	6
设施就绪度得分	37.1	设施就绪度排名	10
市场活跃度得分	63.9	市场活跃度排名	8
产业集聚度得分	74.3	产业集聚度排名	6
生态支撑度得分	77.0	生态支撑度排名	1
行业开放度得分	91.8	行业开放度排名	4

7. 深圳

深圳是全球数字化领域的后起之秀，在本次排名中位列第七。从各分项得分来看，深圳与上海类似，强弱项十分分明：其设施就绪度得分排第三，市场活跃度排第二，产业集聚度得分也较高，生态支撑度与行业开放度则得分较低。其中生态支撑度表现不佳主要是受限于深圳缺乏高水平一流大学和科研机构，同时商务成本较高。行业开放度也是受制于国家政策法规。

表2-11　深圳国际数据港发展评估结果

城市名	新加坡		
总分	66.62	总分排名	7
设施就绪度得分	54.7	设施就绪度排名	3
市场活跃度得分	77.2	市场活跃度排名	2
产业集聚度得分	82.7	产业集聚度排名	4
生态支撑度得分	61.4	生态支撑度排名	9
行业开放度得分	43.2	行业开放度排名	8

8. 香港

香港排名第八，其各分项得分中两极分化十分明显，设施就绪度排名第一、生态支撑度排名第二，但市场活跃度、产业集聚度则排名倒数第一和第二位。这显示出香港一方面具有良好的数字基础设施和发达的通信网络，同时在高水平大学和高素质人才方面具有显著优势，另一方面数据产业能级和数字市场活跃度严重不足。因此，香港亟需加快城市的数字化转型，跟上大数据时代的步伐，将优越的数字基础设施和完善的产业生态支撑转化为现实的数据产业和数据市场。

表 2-12　香港国际数据港发展评估结果

城市名	香港		
总分	65.82	总分排名	8
设施就绪度得分	69.8	设施就绪度排名	1
市场活跃度得分	60.5	市场活跃度排名	10
产业集聚度得分	65.9	产业集聚度排名	9
生态支撑度得分	76.8	生态支撑度排名	2
行业开放度得分	58.2	行业开放度排名	7

9. 东京

东京排名第九，其设施就绪度、市场活跃度、产业集聚度和行业开放度都在 10 个城市中排名中间靠后，生态支撑度则排名垫底，这主要归因于其计算机科学与信息系统全球高校排名欠佳，而其商务成本很高，影响了其大数据生态。

表 2-13　东京国际数据港发展评估结果

城市名	东京		
总分	65.19	总分排名	9
设施就绪度得分	48.6	设施就绪度排名	7
市场活跃度得分	67.0	市场活跃度排名	7
产业集聚度得分	70.9	产业集聚度排名	8
生态支撑度得分	58.1	生态支撑度排名	10
行业开放度得分	81.9	行业开放度排名	6

10. 洛杉矶

洛杉矶排名第 10 位，各分项得分中除行业开放度表现较好外，其余各项均处于靠后甚至垫底位置。这表明洛杉矶亟需完善城市数字基础设施、加快数据市场培育、推动数据产业发展，实现传统国际大都市的转型与新生。

表 2-14　洛杉矶国际数据港发展评估结果

城市名	洛杉矶		
总分	63.80	总分排名	10
设施就绪度得分	40.9	设施就绪度排名	9
市场活跃度得分	60.7	市场活跃度排名	9
产业集聚度得分	64.0	产业集聚度排名	10
生态支撑度得分	68.6	生态支撑度排名	6
行业开放度得分	94.5	行业开放度排名	2

（三）评估结论与建议

本章采用定量方法，对全球 10 个重点城市的国际数据港发展水平进行了评估和比较。就上海而言，其国际数据港建设各指标得分呈现较大的差异性：产业集聚度得分较高，市场活跃度和设施就绪度处于中等偏上位置，总体强于境外城市；行业开放度和生态支撑度较弱，情况与北京、深圳等国内城市类似。

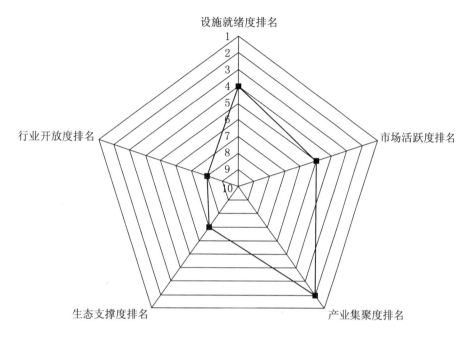

图 2-1　上海国际数据港发展评估结果雷达图

其中，上海的产业集聚度排名第二，主要得益于上海在数字领域科技论文、信息产业发展以及数字金融、数字交通、数字商务等方面的较好表现。而上海在生态支撑度和行业开放度两方面表现较弱，分别排名第 7、8 名。生态支撑度表现不佳的主要原因在于上海的全球顶尖大学和研究机构数量不足，全球数字人才吸引力不够，信息安全评价较低以及商务成本较高。行业开放度方面则受限于国家相关政策法规对于数字化领域的国外投资的较多限制。

从上述分析结果来看，上海大数据产业发展强于东京、巴黎、香港、洛杉矶等国际大都市，但次于纽约、伦敦、新加坡、北京，总体上处于靠前但不领先的位置。为此，上海建设国际数据港应当扬长避短，发挥上海优势、体现上海特色，以深化"五个中心"建设、做优"五型经济"、强化"四大功能"为导向，围绕数据资源的"联、通、用、治"，联接全球数字网络、促进数据汇聚流通、加快数据融合应用、健全数据治理体系，打造世界一流数据港，加速上海城市数字化转型，助推"国际数字之都"蝶变发展。

第三章

上海国际数据港与"五个中心"融合发展现状

　　2014 年 2 月，在中央网络安全和信息化领导小组第一次会议上，习近平总书记指出："网络信息是跨国界流动的，信息流引领技术流、资金流、人才流，信息资源日益成为重要生产要素和社会财富，信息掌握的多寡成为国家软实力和竞争力的重要标志。"[①] 这一论断精辟阐释了数字化时代大数据资源的重要地位和发展趋势。近年来上海依托国际数据港建设，通过强化内部能力、汇聚外部资源，一方面积极应对全球城市的数据枢纽争夺战，深入推动国际数据港建设；另一方面大力推动数据资源开发利用，加快赋能各行业高质量发展，充分激发数据红利，取得了一系列重大进展。

第一节　上海国际数据港建设进展

　　建设国际数据港是中央对上海城市数字化转型发展所作出的重大战略部署。2021 年 7 月 15 日，中央在《支持浦东新区高水平改革开

---

① 习近平：《总体布局统筹各方创新发展　努力把我国建设成为网络强国》，人民网，http://cpc.people.com.cn/n/2014/0228/c64094-24488180.html，2014 年 2 月 28 日。

放 打造社会主义现代化建设引领区的意见》明确要求上海"建设国际数据港和数据交易所，推进数据权属界定、开放共享、交易流通、监督管理等标准制定和系统建设"。同时，建设国际数据港也是上海经济社会高质量发展的内在需求，有利于在主动适应数据产业发展新趋势过程中取得发展先机，确立数据产业引领地位；有利于提升自身在国际数据版图中的地位，应对国际数据枢纽竞争；有利于以数据流激活资金流、商品流、贸易流、科技资源流，推动构建上海高质量发展新格局。

上海紧紧抓住中央赋予的建设国际数据港的历史机遇，结合城市数字化转型目标，全方位推进国际数据港建设。2021年10月27日发布的《上海市全面推进城市数字化转型"十四五"规划》提出，围绕数据国内通、国际通两个方向，推动上海建设成为具备链接全球、市场活跃、治理完善、生态繁荣的国际数据港。2021年11月29日，上海市人大正式公布《上海市数据条例》，提出"推进国际数据港建设，聚焦中国（上海）自由贸易试验区临港新片区，构建国际互联网数据专用通道、功能型数据中心等新型基础设施，打造全球数据汇聚流转枢纽平台"。2022年2月18日发布的《中国（上海）自由贸易试验区临港新片区条例》中提出"以临港新片区为先导，推进国际数据港建设，构建国际互联网数据专用通道、新型互联网交换中心等新型基础设施，打造全球数据汇聚流转枢纽平台"。在2022年1月20日上海市第十五届人大六次会议开幕式上，上海市市长龚正作《政府工作报告》指出，上海将促进流量线上线下融合，全面建设国际数据港，加快培育一批千亿级、万亿级大宗商品交易平台，促进各类要素资源高频流动、高效配置、高效增值。

一、新型数字基建领跑全国

经过近几年持续推动，上海已初步构建高效实用、智能绿色、安全可靠的新型数字基础设施体系，有力支撑经济社会各领域数字化转型和国际数据港建设。根据上海市统计局数据，2020 年、2021 年上海"新基建"完成新增投资分别为 710 亿元、913 亿元，占全市固定资产投资总额分别为 8% 和 9.6%。同时上海还出台《上海市推进新型基础设施建设行动方案（2020—2022 年）》，已梳理发布三批次超 150 个重大项目，总投资规模超 3000 亿元。

第一，国内外网络枢纽初步成形。上海是大陆地区四个海光缆登陆站点之一（其他分别为青岛、福州、汕头）。截至 2021 年，上海拥有 8 条海光缆，互联网国际出口带宽达 8902.32 Gbps，比上年末增加 1960.39 Gbps；互联网省际出口带宽 31900 Gbps，比上年末增加 3037 Gbps。2021 年 12 月 20 日，由国家工信部批复的国家（上海）新型互联网交换中心在临港新片区揭牌并正式启动运营，标志着又一重量级互联网关键基础设施落地上海，进一步夯实上海、长三角乃至全国互联网创新发展的网络基础。2019—2021 年，上海城市光纤线路长度分别为 672080.16 公里、697996.85 公里、713201.79 公里，保持了稳定增长。目前，上海千兆光网接入能力已覆盖 961 万户家庭，家庭宽带用户平均接入带宽达 386.95 Mbps，比上年末增加 117.04 Mbps，率先建成了全国"双千兆第一城"。

第二，泛在化宽带网络全城覆盖。至 2021 年末上海累计建设超 5.4 万个 5G 室外基站、14 万个室内小站，实现全市域 5G 网络基本覆盖，成为全球 5G 基站数领先的城市。5G 用户数达 1028.41 万户，比上年末增加 415.68 万户。2019—2021 年上海移动互联网接入流量分别达到 23.13 PB、30.95 PB、42.10 PB，年均增幅达到 40% 左右。2022 年 3 月，上海启动 5G 应用"海上扬帆"行动计划，推动 5G 网络深度覆盖与融通发展，预计到 2023 年底，上海 5G 基站密度将提升到每平方公里 10 个，个人用户普及率超过 50%，5G 用户数超过 2100 万。

第三，高性能算力体系不断增强。2021 年上海已建成面向公众服务的互联网数据中心 103 个，机柜总量近 14 万架。根据中国信通院发布的《中国综合算力指数（2022 年）》截至 2021 年底，上海市在全国省级单位中位列算力指数第一，总分超过 70。2022 年 8 月，上海发布《新型数据中心"算力浦江"行动计划（2022—2024 年）》指出到 2024 年，全市总算力将超过 15EFLOPS，高性能算力占比达到 35%。在算力网络优质互联方面，到 2024 年，上海市将初步建成算力交换平台，形成算力网络一体化调度和结算体系，网络质量明显提升，上海枢纽节点内数据中心端到端单向网络时延小于 15 毫秒。

二、数据要素市场加快培育

数据要素市场建设对于促进数据共同、激活数据价值、释放数据红利都具有重大意义，近年来受到国内各级政府和社会的高度重视。2020

年以来，中央先后出台《关于构建更加完善的要素市场化配置体制机制的意见》《关于构建数据基础制度更好发挥数据要素作用的意见》等文件，对培育和发展我国数据要素市场作出了战略部署并进行了一系列制度性安排。上海根据中央战略，从场所、生态、制度等方面大力推动数据要素市场培育。

第一，建立交易场所。2021 年 11 月上海数据交易所正式挂牌成立，同步上线了全数字化交易系统，当日挂牌数据产品 20 个，涉及金融、交通、通信等八大领域，首批签约数商达 30 家，涵盖具有市场影响力的交易主体，以及合规评估、资产评估、数据交付等专业服务机构。全年交易量共约百亿次，全年活跃会员数上百家，挂牌交易品约 500 个。2022年 8 月 24 日，上海数据交易所还设立了全国首个数字资产板块，推出多种数字资产，同日上海数据交易所联合国有老字号"回力"和数字资产首批发行平台"哔哩哔哩"首发数字资产"回力 DESIGN- 元年"。2022年数交所完成的数据交易额超过 1 亿元人民币，截至 2023 年 5 月，数交所在 2023 年完成的数据交易额已达到 2.7 亿，呈现出爆发式增长势头。

第二，健全市场主体。2022 年 9 月上海数据集团有限公司正式揭牌成立，作为全国省级层面首家以数据为核心业务的具有功能保障属性的市场竞争类企业，将主要承担上海市公共数据、国企数据、行业数据及其他社会数据的授权运营工作，成为上海市主要数据资源、数据产品的供应商，服务各类市场化主体。同时，上海数据交易所也大力发展各类市场主体，如该所在 2021 年 11 月揭牌当日就签约了首批 100 家数商，其中既包括中国电信、工商银行、国网上海电力这样的数据供需主体，也包括协力律所、普华永道、星环科技等数据合规咨询、资产评估、交付等专业服务机构。

第三，推动数据供给。公共数据方面，截至 2022 年 11 月，上海已开放 50 个数据部门、128 个数据开放机构、5224 个数据集（其中 2187 个数据接口）、60 个数据应用。在社会数据方面，2019—2021 年上海企业互联网网页数分别达到 2117050.09 万、2239088.15 万、2380356.14 万个，显示出巨大的数据储藏量，同时上海在工业、社会信用、金融等八个领域加强数据高质量供给，推动包括国资国企、民企、外企等多元主体更多参与数据挂牌。

第四，完善数据制度。2021 年 11 月，上海出台《上海市数据条例》，其中设置了"数据要素市场"专章，提出深化数据要素市场化配置改革，制定促进政策，培育公平、开放、有序、诚信的数据要素市场，建立资产评估、登记结算、交易撮合、争议解决等市场运营体系，促进数据要素依法有序流动，"浦东专章"则明确提出了建立数据交易所、打造数字信任体系等内容。2023 年 3 月，上海发布《上海市数据交易场所管理实施暂行办法》，以更好地防范和化解数据交易风险，规范数据交易场所运营。2023 年 7 月，上海发布《上海市促进浦东新区数据通交易若干规定（草案）》，对于浦东新区数据流通交易中的数据权益、市场基础设施、数据交易规则、市场生态建设等进行了明确规定，该法规预计将于 2023 年底正式出台。

三、数据产业发展态势良好

2021 年上海软件和信息服务业营收超 1.26 万亿元，同比增长超 15%，为上海 GDP 增长贡献 40%。其中数据产业规模全国领先，全市数据核心企业突破 1000 家，核心产业规模达 2300 亿，复合增长率高于全国平均水平。

一是企业规模不断扩大。根据市经信委的统计，2019 年、2020 年和 2021 年上海的大数据企业数量分别为 973 家、1076 家、1127 家，从业人员分别为 21 万人、19.1 万人、19.1 万人，总体上都保持了稳定增长。根据前瞻研究院的统计，2021 年全国有 16565 家优质大数据企业，上海 1651 家，仅次于北京市和广东省，占比约为 10%，是全国大数据产业发展的领先省份。同时，前瞻研究院还统计了 53 家上市大数据企业并对其进行区域分析，其中大部分也均分布在北京市、广东省和上海市，其中上海市有 5 家上市大数据企业，占比约 10%。

二是企业质量不断提升。根据市经信委的统计，2019 年、2020 年和 2021 年上海大数据企业销售收入分别是为 2388.3 亿元、2842.5 亿元、3378 亿元，两年都保持了将近 20% 的增长率。同时根据前瞻的分析，从行业分布来看，2021 年上海市 1651 家处于健康发展阶段及以上阶段的优质大数据企业中，所处行业分布排名第一的领域为科学研究和技术服务业，企业数量达 817 家，占比达 49%。从企业发展质量来看，上海市处在高质量发展阶段的企业数量达 1361 家，占比约 82%，超过全国平均水平（75%）。

三是创新能力不断增强。根据市经信委统计，2019 年、2020 年、2021 年上海大数据企业研发投入分别为 229.8 亿元、253.4 亿元、350.8 亿元，分别增长 10% 和 38% 以上。同时三年中上海各类机构发表的大数据相关成果（包括论文、专利、标准等）数量分别为 1972 种、2424 种、2425 种，总体保持稳中有增。

四、数据产业生态持续优化

上海围绕国际数据港建设所必需的人才、资金、政策以及安全保障等要素，加强要素投入和制度供给，不断优化数据创新创业的生态环境，推动上海迈向全国乃至全球现代数据产业发展高地。

第一，数据人才队伍快速壮大。上海制定了数据人才引进政策，大力开展数据人才培养培育项目，深化职称制度改革等，做到数据发展、人才先行。2019 年、2020 年、2021 年上海高校中开设的大数据学院和研究院分别为 15 个、20 个、21 个，每年大数据相关专业的高校毕业人数分别为 9815 人、12033 人、8544 人。另外上海还启动了首席数据官（CDO）制度的研究和试点，推动各行业建立健全数据治理体系。

第二，政策法规体系不断健全。2021 年上海出台《上海市数据条例》，为数据驱动创新发展和城市数字化转型提供了基础性制度支撑。据统计，2021 年上海各级政府部门发布的与数据相关的各类政策、法规、规划等共 28 部，同比增加近一倍，这显示上海正在加速健全相关政策法规体系，为数据创新与安全保驾护航。

第三，数据安全保障持续强化。上海不断建立健全网络数据安全管理制度，开展数据安全专项检查，组织开展数据安全教育培训，持续提升市民在网络上的安全感。上海大力开展数据成熟度模型（DCMM/DSMM）等标准规范的推介、培训和认证，2021 年有 7 家企业数量通过认证。2021 年上海发布《上海市建设网络安全产业创新高地行动计划（2021—2023 年）》，提出到 2023 年全市网络安全产业规模翻番，创新能力显著增强，有效需求加快释放，结构布局更加优化，创新生态持续完善，基本建成具有全国影响力的产业创新高地。

五、内外开放水平稳步提升

上海以加快建设具有全球影响力的国际数据港为目标，深入推进与长三角、国内省市、"一带一路"沿线国家以及世界各国在大数据领域的交流与合作，推动网络互连、数据共享、业务开放、数贸互通，向国际数据港建设目标不断迈进。

第一，深化对内开放。上海一方面加强部市合作，积极争取中央部委的支持，在国家工信部《2022 年大数据产业发展试点示范项目名单》中，上海市共有 11 个项目；在《2022 年大数据产业发展试点示范项目名单》中，上海市共入选 7 个项目。另一方面以长三角为重点，推进与国内其他省市的大数据合作，上海不断扩充互联网省际出口带宽，2019—2021 年分别达到 21860 Gbps、28863 Gbps、31900 Gbps，保持较快增长，为上海与外地大数据合作提供了坚实保障，2022 年 1 月在长三角数据共享开放区域组成立大会上，三省大数据部门签订《公共数据"无差别"共享合作协议》，将实现省级层面跨域信息系统的互联互通，促进跨省域数据共享共用。

第二，加快对外开放。一是加快电信业对外开放，2019 年至 2021 年上海对外资开放的增值电信业务数量分别为 54 项、61 项、72 项，呈现对外开放不断提速的趋势。二是有序推进数据跨境流动。临港新片区依托国际数据港，已实现首家企业通过数据跨境流动安全评估试点、建成国际互联网数据专用通道、推动国家（上海）新型互联网交换中心投入试点运营，2021 年数据跨境流动合规总量达到 199.59 GB，跨境数据流动专业服务机构达到 14 家，同比增长一倍。2022 年发布的《中国（上海）自由贸易试验区临港新片区条例》提出在临港新片区内探索制定低风险跨境流动数据目录，促进数据跨境安全有序流动。三是加快数字贸易发展，数字贸易总额迅速增长，2019 年至 2021 年数字贸易进出口总额分别达到 401.4 亿、433.5 亿、568.8 亿美元。

第二节　上海数实融合取得的成效

国际数据港建设是手段，深化"五个中心"建设、促进经济质量发展才是目标。为此，近年来上海一方面大力发展大数据产业、培育数据要素市场、建设国际数据港，另一方面出台了一系列政策文件，大力推进大数据领域的技术创新、融合应用与产业化发展，促进大数据与实体经济深度融合，助推上海经济转型提质，取得了一系列成效。

一、大数据赋能制造业数字化转型

在汽车制造领域，以上汽为代表的汽车制造企业正努力把握产业发展趋势，加快创新转型，从传统的制造型企业向智能化、网联化、转型，在产业大数据和人工智能领域积极布局，并开展智能驾驶等技术的研究和产业化探索。与此同时，上汽加快推进面向未来的电子电器架构、新一代智能座舱等自主开发工作，并围绕智能驾驶产业链，在域控制器、智能网关、智驾底盘、ADAS 系统等领域，加快产品开发和能力布局。

在电子信息领域，智能芯片研发与产业化加速发展。2019 年，上海智能芯片规上企业 17 家，总产值超过 200 亿，利润总额 25.4 亿。依图、平头哥、熠知电子等本地 AI 企业深耕 AI 芯片市场。位于上海张江的集成电路设计产业园围绕人工智能、5G、智能驾驶、物联网、存储器架构等重点领域，多方引进行业龙头企业和细分领域的领先企业，成为国内 AI 芯片发展集聚区。

在生物医药领域，数字技术融入生物医药全产业链。以人工智能和大数据为代表的数字技术贯穿靶点发现、药物发现、药物开发和患者监测的药物开发全生命周期；医疗影像辅助诊断成为全国人工智能"揭榜挂帅"四大赛道之一，依图科技开发 CT 智能诊断系统、森亿医疗的医疗数据治理和决策支持系统、杏脉信息开发基于 AI 的基层肿瘤诊治系统落地应用，发挥示范效应。

在高端装备领域，人工智能、大数据、物联网等技术在智能制造方面获得落地应用。据统计，2019 年上海智能制造规上企业共 15 家，总产出达 126 亿。智能制造应用场景丰富，涵盖产品精密监测、虚拟调度机器人、故障诊断与智能维护、智能无人仓库管理、自动化装备生产线等多个环节。

二、大数据赋能服务业智能化升级

智慧物流领域。近年来，上海涌现了一批智慧物流服务企业，大数据、人工智能、云计算等技术，正嵌入仓储、运输、配送等各个环节，通过降本增效助力物流行业"智慧转型"，典型应用包含智慧物流平台、货品自动识别、自动转运和智能仓储调配等。截至 2020 年 8 月，上海智慧物流融资总数达 86 起，融资总规模达 184 亿人民币。2019 年，上海智能物流规上企业共 3 家，营业收入超 100 亿。

智慧金融领域。上海互联网金融规模较大且发展迅猛，截至 2021 年，上海共有 11 家互联网金融上市公司，在全国范围内排名第二，仅低于广东（17 家）。同时上海智慧金融业态齐全，未来随着人工智能技术在金融领域的落地应用加速，相关技术在金融产品设计、市场营销、风险控制、客户服务，以及支持性金融服务等多个环节落地应用，智慧金融价值链将得到不断丰富和完善。毕马威对国内金融科技领域进行分析，列出 62 家领先的金融科技公司，有 12 家上海公司位列其中，仅次于北京和深圳。

表 3-1　国内领先的科技金融企业

名　称	省　份	成立年份	名　称	省　份	成立年份
汇付天下	上海	2006	阿法金融	上海	2014
通联数据	上海	2013	冰鉴科技	上海	2015
众安保险	上海	2013	万向区块链	上海	2015

续表

名　称	省　份	成立年份	名　称	省　份	成立年份
寻汇	上海	2015	凤凰金融	海南	2014
和逸信息科技	上海	2016	蚂蚁金服	杭州	2000
妙盈科技	上海	2016	车300	南京	2014
虎博科技	上海	2017	苏宁金融	南京	2015
犀语科技	上海	2017	蔷薇大树金融	宁波	2017
建信金融科技	上海	2018	平安壹钱包	深圳	2005
360金融	北京	2007	富途证券	深圳	2007
中译语通	北京	2009	慧择保险网	深圳	2011
雪球	北京	2010	金斧子	深圳	2011
京东数字科技	北京	2012	微众信科	深圳	2014
天云数据	北京	2013	微众银行	深圳	2014
维择科技	北京	2013	金蝶金融	深圳	2015
百融云创	北京	2014	价值在线	深圳	2015
保险极客	北京	2014	腾讯金融科技	深圳	2015
车车科技	北京	2014	小雨伞保险	深圳	2015
众享比特	北京	2014	中证信用	深圳	2015
布比区块链	北京	2015	空中云汇	深圳	2016
保准牛	北京	2015	联易融	深圳	2016
豆包网	北京	2015	追一科技	深圳	2016
度小满金融	北京	2015	金融壹账通	深圳	2017
文因互联	北京	2015	分布科技	深圳	2018
阿博茨科技	北京	2016	通付盾	苏州	2011
佳格天地	北京	2016	匯立 (WeLab)	香港	2018
爱保科技	北京	2017	陆金所控股	香港	2018
百信银行	北京	2017	信用算力	香港	2019
慧安金科	北京	2017	福米科技	长沙	2016
MinTech	北京	2018	马上金融	重庆	2015
新网银行	成都	2016	盈米基金	珠海	2015

数据来源：毕马威。

新零售领域。上海作为中国零售业最发达的地区，新零售发展迅速。2020年，上海新零售企业占全国的22.3%，企业数量占比排名第二（北京为33.5%）。上海不仅拥有传统零售巨头百联集团，在技术革新的推动下，还诞生了以商米、深兰科技、F5未来店为代表的一众新零售企业。北大光华管理学院发布《2018新零售城市发展指数报告》，从生产效率、物流效率、服务效率、交易效率、环境效率5个方面，衡量城市新零售发展程度。结果显示，上海新零售综合发展指数位居全国第一。

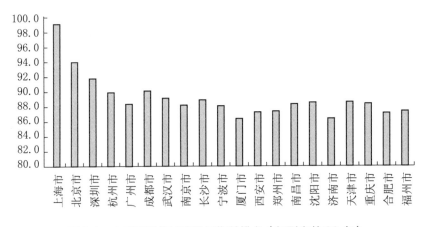

图 3-1　中国新零售城市发展指数排名（仅列出前 20 名）

三、大数据赋能在线新经济大发展

智能交通领域。上海于2019年修订完善了新版《上海市智能网联汽车道路测试和示范应用管理办法（试行）》，明确自动驾驶车企经过公开道路测试和综合风险评估可以申请示范应用，引导自动驾驶汽车和人工智能产业走向规模化应用，助力本市智慧交通发展。2022年12月，上海浦东发布《上海市浦东新区促进无驾驶人智能网联汽车创新应用规定》，明确适用于在浦东新区行政区域内划定的路段、区域开展无驾驶人智能网联汽车道路测试、示范应用、示范运营、商业化运营等创新应用活动以及相关监督管理工作。

在线教育领域。上海互联网技术成熟，教育资源丰富，提供了在线教育发展的天然"土壤"。2015—2020年，上海在线教育市场融资数量共206起，其中早期投资148起，占比71.8%，成长期投资53起，占比25.7%，成熟期投资5起，占比2.5%。据统计，2019年上海在线教育规上企业共6家，营业收入超23亿。《中国在线教育市场数据报告》显示，2019年全国在线教育"独角兽"有12家，其中上海占5家。

第三节　上海数实融合中存在的短板

上海的数实融合虽然取得了巨大成效，但与全球数字化先进水平相比，以及与上海"五个中心"深化建设对数实融合的要求相比，目前上海在大数据与实体经济融合方面还存在不少短板，需要尽快加以弥补和破解。

一、数据港建设中的短板

上海国际数据港建设中的短板主要体现在，网络枢纽建设、数据资源汇聚、数字科技创新、数字规则打造等方面仍存在一些辐射不够、能力不强、环境不佳等问题，影响了上海国际数据港在全球数据版图中的中心度和影响力。

（一）网络枢纽建设存在不足

链接全球的高速互联网络是国际数据港建设的首要基础。自1993

年中国建设第一条海底光缆（中日光缆）以来，海底光缆已经成为中国与世界信息交流的重要方式。中国海底光缆可以直接连接到北美、中东、欧洲、非洲，也可以通过转接连接到南美洲、非洲和大洋洲，实现了与美国、日本、新加坡、英国等关键国家联网。但根据中国信息通信研究院的报告，与未来国际流量发展预期和世界主要国家相比，中国的国际海缆发展仍显不足，美国的海缆数量是中国的 8 倍，人均带宽是中国近 20 倍；日本的海缆数量是中国 2 倍多，人均带宽是中国近 10 倍；英国海缆数量是中国的 5 倍多，人均带宽是中国的 72 倍；新加坡海缆数量是中国的 2 倍多，人均带宽是中国的 262 倍[①]，如图 3-2 所示。

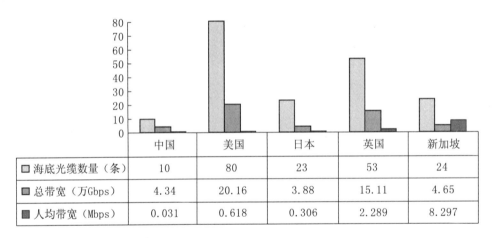

	中国	美国	日本	英国	新加坡
■海底光缆数量（条）	10	80	23	53	24
■总带宽（万Gbps）	4.34	20.16	3.88	15.11	4.65
■人均带宽（Mbps）	0.031	0.618	0.306	2.289	8.297

数据来源：中国信通院。

图 3-2　全球主要国家海底光缆建设情况

具体到各个海底光缆布局与登陆点分布，根据著名电信咨询机构 TeleGeography 发布的 2022 海底光缆分布图[②]，上海虽然是中国最大的

---

① 参见 https://www.163.com/dy/article/FAO4L08605387D2U.html。

② 参见 https://submarine-cable-map-2022.telegeography.com/。

海底光缆登陆点，但所连接的海底光缆数量与密度同邻近的香港、台北以及韩国釜山、日本东京都存在较大差距。之所以出现这种状况，有着多方面的原因：一是中国海底光缆建设启动较晚，世界上最早的海光缆开通于1986年，中国1993年才启动海光缆建设；二是全球海底光缆是以美国为中心的，从地理上讲，上海处于这一海底光缆地图的"边缘"，香港、台北、釜山、东京、新加坡甚至曼谷、迪拜等城市则更有地缘优势，承担很多跨国和跨地区的网络中继任务；三是受各方面因素影响，目前中外之间的跨境数据流动受到许多限制，也造成流量相对不足，也制约了海底光缆的建设。上海要建设国际数据港，必须进一步推动海底光缆建设提速，提高上海在全球海底光缆体系中的"中心度"。

从城市内部的宽带网络建设来看，虽然中国的5G网络建设走在全球前列，但在城市层面，北京、上海、广州、深圳等一线城市的5G下载速度仍处于全球上游但不领先的水平。根据美国知名网络速度测试公司OOKLA的报告①，北京的5G速度在全球41个城市中排在第11位，排名虽然靠前，但下载速度领先的首尔、奥斯陆、斯德哥尔摩有较大差距。虽然此报告中只有北京并无上海排名，但从国内各种报告来看，上海的5G发展状况与北京接近，因此可以判断上海的5G网络速度在全球各大城市中处于较好但不领先的地位。

① 参见 https://www.ookla.com/articles/state-of-worldwide-5g-2021。

表 3-2　各大城市 5G 最大下载速度

排　名	城　市	速度（Mbps）
1	首尔	530.83
2	奥斯陆	513.08
3	斯德哥尔摩	424.78
4	阿布达比	423.78
10	台北	304.94
11	北京	294.43
15	巴黎	242.43
23	伦敦	190.23
27	东京	169.18
29	新加坡	167.03
31	华盛顿	160.41
33	柏林	156.46
34	香港	151.95

注：此报告中只包括 41 个城市，表中仅列出部分数据。

数据来源：OOKLA。

（二）数据资源集聚效应不强

在数据中心建设方面，英国著名房地产咨询机构戴德梁行定期发布全球数据中心市场排名，2022 年该公司发布了第三版排名，从 13 个不同维度（包括市场规模、光缆连接性、云计算设施可用性以及当地政策、税收、社会稳定等）对包括中国北京、上海、香港在内的全球 55 个城市（城市群）的数据中心市场进行评估 [①]，并列出总分及单项得分前 10 名，总分前 10 名如表 3-3 所示。上海在总分排行榜未能进入前 10 名，在各单项排行榜中仅在市场规模中排名全球第 4（次于北弗吉尼

[①]　https：//cushwake.cld.bz/2022-Global-Data-Center-Market-Comparison.

亚、伦敦、东京），其他单项排行都位于 10 名之外。

表 3-3 全球数字中心市场排名

排　名	城　市	国　家	所属区域
1	北弗吉尼亚	美国	北美
2	硅谷	美国	北美
2	新加坡	新加坡	亚太
4	亚特兰大	美国	北美
4	芝加哥	美国	北美
6	香港	中国	亚太
7	菲尼克斯	美国	北美
8	悉尼	澳大利亚	亚太
9	达拉斯	美国	北美
10	波特兰	美国	北美
10	西雅图	美国	北美

数据来源：戴德梁行。

从数据交易来看，2020 年我国数据生产总量约占全球 20%，中国超过美国成为数据资源第一大国。根据中国信通院 2020 年发布的报告，上海大数据产业同广东、北京等组成了全国第一梯队，发展水平处于全国领先地位。然而根据相关机构的估计，2020 年，美国数据要素市场规模为 2550 亿美元，欧洲为 750 亿美元、日本为 450 亿美元（IDC 估算），我国仅为约 545 亿（国家工信安全中心估计）。上海数据交易所近两年的年交易额约为 1 亿元，全市估计在 10 多亿的市场规模①，与国外相比差距巨大。从数据交易品来看，上海数交所以本地数据产品或服务

---

① 李自伟：《加速国际数据港建设　提振上海核心竞争力》，《上海信息化》2022 年第 10 期。

的交易为主，外地数据在沪交易量较少，国外数据在沪进行交易更少，上海要建设国际数据交易市场仍任重而道远。

（三）数字科技原创能力不佳

上海科学技术情报研究所联合全球知名专业信息服务提供商科睿唯安共同发布的《2021 国际大都市科技创新能力评价》报告 [①] 列出了十大新兴技术及研发和学术领域的全球首位城市，其中 6 项技术属于数字技术领域，结果如表 3-4 所示。由此可以看出，北京和深圳在多项数字技术领域形成了"学术看北京、研发看深圳"的全球双雄格局。上海在这些领域都有一定优势，但学术不如北京、研发不如深圳，难以达到首位城市水平，处于典型的竞争困境。

表 3-4　十大新兴技术的全球首位城市

新兴技术	技术研发首位城市	学术研究首位城市
人工智能	深圳	北京
区块链	深圳	北京
石墨烯	东京	北京
无人驾驶汽车	深圳	北京
基因编辑	剑桥（美国）	北京
精准医疗	剑桥（美国）	波士顿
量子技术	东京	北京
沉浸式体验	深圳	北京
氢能	东京	北京
mRNA 疫情	剑桥（美国）	东京

注：标下划线的新兴技术属数字技术领域。

数据来源：上海科学技术情报研究所。

---

① 顾震宇、黄吉：《〈2021 国际大都市科技创新能力评价〉研究发现》,《竞争情报》2021 年第 6 期。

（四）数字治理规则评价不高

成熟完善的数字治理环境①是国际数据港建设的重要内容，包括数字法规、数字标准、数字安全等。无论是在内部还是在外部，上海都面临着数字安全和治理方面的巨大挑战。从内部来看，数字安全保障能力滞后，对企业深入数字化、促进数据赋能产业发展构成严重挑战。

从全球来看，著名机构《经济学人》的情报研究组（Economist Intelligent Unit）定期对全球城市安全状况进行评估和排名，其中包括数字安全的排名，主要从各城市的隐私政策、市民数字安全意识、IT 基础设施风险、网络攻击等 10 个维度开展评估。其发布的《全球城市安全度指数（2021）》提供了最新的全球 60 个城市数字安全度排名，如表 3-5 所示。从该表来看，中国大陆城市总体处于比较落后的位置，上海位列第 37，北京位列第 45，在全球 60 个城市中处于中间靠后的位置，且得分低于全球平均水平。

表 3-5　全球城市数字安全度排名

排　名	城　市	所在国家	得　分
1	悉尼	澳大利亚	83.2
2	新加坡	新加坡	82.8
3	哥本哈根	丹麦	82.2
4	洛杉矶	美国	82
5	旧金山	美国	82

---

① "数字治理"有两种涵义，一是指国家和社会治理的数字化，包括电子政府、智慧城管、智慧安防等；二是指对数字技术、数字经济、数字应用等的治理，包括政策法规、标准规范、网络信息安全等。本书指后者。

续表

排　名	城　市	所在国家	得　分
6	纽约	美国	81.6
7	阿姆斯特丹	荷兰	79.3
8	墨尔本	澳大利亚	78.3
9	惠灵顿	新西兰	77.3
10	芝加哥	美国	76.7
20	东京	日本	71
21	香港	中国	70.1
22	巴黎	法国	69.4
30	台北	中国	63.2
31	首尔	韩国	62.1
37	上海	中国	57.2
45	北京	中国	52.2
—	平均	—	61.7

注：原报告为《全球城市安全度排名》，共包含全球 60 多个城市，数字安全度为其中的一个指标。

数据来源：《经济学人》。

二、大数据赋能中的短板

上海在推动大数据与各行业深度融合、充分激发数据要素潜力、推动区域经济转型升级方面，还存在一些不足。

（一）数据赋能主体实力不强

与北京、深圳以及长三角其他城市相比，上海缺乏数字领域头部企业，产业特色较为模糊，产业核心竞争力不明确成为制约上海数字技术产业和数据赋能领域高质量发展的痛点[1]。北京拥有众多高校和研究院

---

[1] 丁波涛：《数字技术赋能产业转型，实现上海经济高质量发展》，《中国建设信息化》2021 年第 1 期。

所，拥有丰富的人才和充足的资金资源，形成了以研发驱动为核心的发展模式。杭州和深圳则依托阿里巴巴、腾讯、华为等全球领先企业，以这些巨头企业为核心，在数字服务领域实现横向和纵向的拓展，形成了以龙头企业驱动的产业发展模式。南京、苏州、无锡等地则凭借制造业的优势，正在积极推进智能制造的创新发展。然而，上海的数字经济领域目前主要由中小型企业组成，产业规模庞大，企业众多，整体上数字赋能的能力相对较弱。

（二）数据赋能客体动力不足

上海的各大企业普遍十分重视数字化转型，信息化与工业化融合总体水平一直保持国内领先。但随着企业数字化转型逐步进入深水区，一方面，数字化转型越来越复杂，如何更好地将技术与业务结合起来，形成新的生产经营模式，这既需要持续大量的资金投入，也对管理者和员工素质提出更高要求，数字化成本更大而风险更高，投资回报期越来越长，造成不少企业望而却步 [①]。

另一方面，数据赋能不仅仅是技术的更新，还需要对企业的经营理念、战略、组织和运营进行全方位的变革。然而，一些企业在数字转型方面存在问题，思路不清晰，缺乏坚定的意识。它们没有从企业发展战略的高度来进行规划，一旦短期内无法看到数据赋能所带来的效益，就会动摇不定，失去信心。

[①] 丁波涛：《数字技术赋能产业转型，实现上海经济高质量发展》，《中国建设信息化》2021 年第 1 期。

另外则是对数据安全的顾虑，数据赋能的对象已由单个企业赋能转到全价值链赋能，人工智能、工业互联网等的应用必须在企业之间充分共享数据，然而不少企业出于自身数据安全的考虑，对共享数据有很大顾虑。

（三）数据赋能传导机制不畅

数据赋能是一个从"聚能"（大数据聚合）、"赋能"（大数据及数字技术应用）到"释能"（释放数据红利）的价值传导过程，但目前这种传导机制还不畅通，造成数字技术和数据资源还不能充分释能，支撑企业整体转型。

从企业层面来看，数据赋能的关键在于数据共享。数字化时代要求更快的信息交互，缩短数据流转周期，实现数据共享集成。然而，许多企业仍保留着传统的组织模式，多个异构软硬件平台和信息系统同时运行，人为割裂数据的生产、流通、加工，势必造成数据流通不畅，影响数据赋能效果显现[①]。

从产业层面来看，许多数据要素仍没能转化为生产力。虽然上海沉淀了大量高质量数字资源，但是限于体制、安全、商业竞争等因素，许多蕴含巨大商业价值的数据仍在觉醒，未能传导给有需求的企业，大数据价值得不到释放。

（四）数据赋能渗透程度不深

当前，大数据技术正从互联网行业向政务、金融、工业、医疗等传

---

① 丁波涛:《数字技术赋能产业转型，实现上海经济高质量发展》,《中国建设信息化》2021 年第 1 期。

统行业加速渗透，但重点领域的数据赋能存在"广而不深"的问题。

第一，传统产业数字化转型效果有待提升。工业制造、集成电路、生物医药等重点产业领域研发和制造过程复杂，受数据获取难度大、原始数据质量低、异构数据标准不统一、数据暴露风险等因素的制约，数字技术尚未与重点产业领域研发和制造过程深度融合，对关键环节升级改造的支持有限，赋能增量效应没有充分释放①。

第二，在线新经济发展呼唤场景化综合解决方案。教育、医疗、商务、金融、交通、医疗、文娱、城市管理等各领域落地场景不够强劲，相关数字技术应用存在"孤岛"现象。根据笔者前期对 42 家相关企业的调研发现，企业平均采纳 2.5 家不同技术提供商的产品和服务，供应商之间的生态无法链接，导致孤岛现象严重。总体来看，数字技术的应用仍聚焦在单点突破，垂直领域的综合解决方案还未成形，造成企业数据资源无法统一管理。

（五）数据赋能辐射地域不广

目前，上海数字技术和数据资源赋能的范围仍以上海本地为主，对长三角、长江经济带、全国以至全球的赋能作用有限。以上海参与长三角数字技术科技创新一体化为例，上海数字技术领域发明专利主要由本市产学研机构联合申请，由上海牵头的跨省数字技术合作比例为44.2%，低于深圳（71.7%）、北京（50.1%）。在长三角区域内，由上海

---

① 丁波涛：《数字技术赋能产业转型，实现上海经济高质量发展》，《中国建设信息化》2021 年第 1 期。

牵头，江苏、浙江、安徽等地企业、高校等机构参与的合作研发比例低。以云计算领域技术创新为例，由上海牵头的跨长三角合作研发专利申请数量仅占上海全部云计算合作专利的 8.7%，略高于江苏（8.2%），但低于浙江（10.8%）和安徽（11.5%）。总体来看，上海对区域数字技术创新的辐射带动作用比较有限。

综上所述，近年来上海推进国际数据港建设，并依托国际数据港所集聚的海量数据资源，推动大数据与实体经济深度融合，取得了突出成效。与此同时也要看到，上海建设国际数据港仍面临着巨大挑战。

第四章

大数据与实体经济的融合机理

2017 年 12 月 8 日，习近平总书记在十九届中央政治局第二次集体学习时强调："要构建以数据为关键要素的数字经济。建设现代化经济离不开大数据发展和应用。"① 大数据与实体经济融合（以下简称"数实融合"）是一种内涵十分丰富的概念，不同层面上的数实融合对支撑要素、外部环境、推进政策等的需要也是不一样的。因此，在分析国际数据港与"五个中心"融合的内容和框架之前，本章首先需要对数实融合这一概念进行解析，将其分为不同层次，再分析不同层次的数实融合对外在环境和内部要素的需求。由于目前专门针对大数据与实体经济融合的机理分析还比较少，本章主要从数字技术与实体经济融合的层面上分析数实融合的层次。

关于数实融合的层次，不同专家学者提出了许多观点，总体上可以分为两类。一是从信息化与工业化融合（两化融合）的角度来分析数实融合的层次，这些成果多在 2010 年之前，如金江军认为两化融合包括四个层次：产品融合、技术融合、业务融合和产业衍生②；郑大庆、黄丽华等人提出包括：产品和服务层面的融合、企业与组织层面的融合、

---

① 《习近平主持中共中央政治局第二次集体学习并讲话》，中国政府网，https：//www.gov.cn/xinwen/2017-12/09/content_5245520.htm，2017 年 12 月 9 日。

② 金江军：《两化融合的理论体系》，《数字化建设》2009 年第 4 期。

多产业数字融合①；陆国庆则认为应当包括技术融合、产品和业务融合、市场融合②。二是从数字经济与实体经济融合角度开展的研究，这些成果多在 2010 年之后，如欧阳日辉认为数实融合包括技术驱动的融合效应与网络协同效应、数据驱动的"飞轮效应"和"滚雪球效应"、生态驱动的"头雁效应"和"蒲公英效应"③，唐榕认为应当包括技术融合、产品与业务融合、市场融合④。

两类研究虽然角度不同，但最终结论基本一致。综合这些研究成果，本书将数实融合分为三个层次，即技术融合、业务融合、产业融合，并逐一进行分析，如图 4-1 所示。

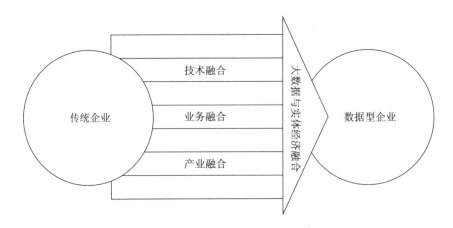

图 4-1 数实融合的层次模型

① 郑大庆、黄丽华、罗钢：《上海数字化与工业化融合的策略及路径》，《上海管理科学》2008 年第 6 期。

② 陆国庆：《衰退产业论》，南京：南京大学出版社 2002 年版。

③ 欧阳日辉：《数实融合的理论机理、典型事实与政策建议》，《改革与战略》2022 年第 5 期。

④ 唐榕：《数字经济产业与制造业融合对制造业创新效率的影响研究》，广西大学 2022 年硕士学位论文。

第一节　技术层面上的融合

技术融合主要发生在数字技术与产业技术之间。数实融合范畴中的技术融合指的是新兴数字技术和传统的产业技术的融合，主要目的是运用数字技术改造和提升传统的产业技术，同时运用产业技术来促进数字技术的创新发展。

一、技术融合的过程

从对技术融合的分布、技术融合的本质、技术融合的外在形态和内在属性等的分析来看，技术融合是一个双向的过程。主要包括两方面的内容：一是数字技术向产业技术的融合，这个融合过程是不断改造和提升产业技术的过程；二是产业技术向数字技术的融合，这个过程是产业技术支撑和促进数字技术产业化过程。技术融合是沿着产品（劳动对象）、研发设计（劳动者）以及装备体系、生产制造及服务流程（劳动资料）等三个维度协调、全面的融合。

技术融合有一个总目标和三个子目标。总目标是通过提升产品和服务的功能和性能、提升研发设计人员的智能、提升装备系统和生产制造管理服务流程的效能以及三者的协同作用，从而综合提升产业水平，实现从后工业社会转向数字社会的目标。子目标包括：通过技术融合，实现产品和服务更多的功能和更优的性能，来满足客户的需求；通过运用智能化的数字工具，使研发设计人员的脑力和体力劳动负担大幅度减轻，达成快速学习、知识重用、拓展智能、提升创造力；通过先进制造技术，大幅度提升装备系统和生产制造流程的效能。

技术融合的本质是数字技术和产业技术的相互转移、转化、联接，最终实现两种技术融合应用的过程。按照技术融合产生的技术价值，可以将技术融合分为五个层阶：应用、吸收、融合、创新、创造，如图4-2所示。

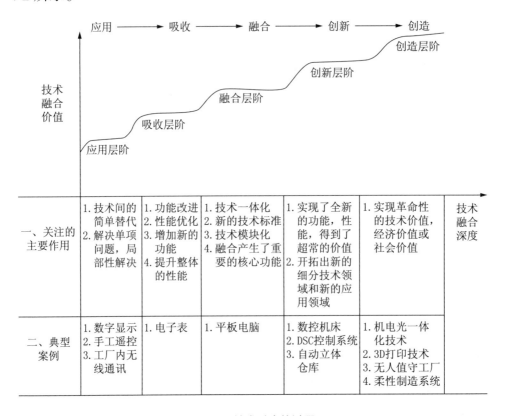

	应用	吸收	融合	创新	创造
一、关注的主要作用	1.技术间的简单替代 2.解决单项问题，局部性解决	1.功能改进 2.性能优化 3.增加新的功能 4.提升整体的性能	1.技术一体化 2.新的技术标准 3.技术模块化 4.融合产生了重要的核心功能	1.实现了全新的功能，性能，得到了超常的价值 2.开拓出新的细分技术领域和新的应用领域	1.实现革命性的技术价值，经济价值或社会价值
二、典型案例	1.数字显示 2.手工遥控 3.工厂内无线通讯	1.电子表	1.平板电脑	1.数控机床 2.DSC控制系统 3.自动立体仓库	1.机电光一体化技术 2.3D打印技术 3.无人值守工厂 4.柔性制造系统

图4-2　技术融合的过程

一是应用层阶。应用层阶是将原本分属两个不同领域的技术应用到对方的领域中，替代原有的技术，或解决原来分立之时单靠一方技术无法解决的问题。

二是吸收层阶。指的是两种分属不同技术领域的、分立的技术相互吸收，使得各自的技术不断优化。这种优化使得原本看来不相关的两种技术都对对方技术产生了很大的依赖。

三是融合层阶。指的是两种原本分立的技术在经过了相互吸收和不断改进后，完全具备了对方的技术特性和特征，形成了你中有我、我中有你甚至不分你我的状态。这不仅使得原本分立的技术得以改进和优化，而且使两种技术达到了无法分割的状态，不然任何一方都无法解决原来的问题，或实现原来的功能。

四是创新层阶。两种原本分立的技术产生了更高的融合紧密度，并在融合之后产生了新的技术，开拓了新的、更高层阶的细分技术领域或细分应用领域。最典型的就是数控机床以及生产线上的 DCS（分布式控制系统）、自动仓库等。这种技术融合带来了新的功能、新的标准、新的方法、新的价值。

五是创造层阶。指的是因两种原本分立的技术的融合，产生了原本不存在的新事物、新方法、新理念、新观念、新理论，这不仅是一种量性的提升，更是一种质性的创新，完全超越了原有的或现存的事物，典型的案例如无人工厂、智能物流、虚拟制造、3D 打印技术、网络银行、远程服务等，形成了全新的生产力。

技术融合的过程是螺旋式提升的过程。一个国家或区域的产业发展程度越高，必然是社会技术创新与应用的环境越好，对数字技术的发展越有利。随着数字技术的发展，数字化程度越高，对传统产业的技术改造和提升能产生更强大的促进作用。

二、技术融合的影响因素

与数实融合中其他层次的融合不同，技术融合主要是技术创新吸收问题，通常还没有涉及流程、管理、制度和战略的变革，也没有引发产业的调整和重构。根据技术接受模型（TAM）理论及其衍生理论（如技术接受扩展模型、技术接受和使用统一理论〔UTAUT〕等），可以将影响技术融合的因素归纳为以下几个方面。

第一，企业员工的数字化意识和对数字技术应用的态度：企业员工是否意识到数字技术的价值，在数字技术的应用上持主动积极还是消极被动的态度。

第二，数字技术与企业需求的相关性和适用性：数字技术产品和服务是否与企业需求相一致，是否能让企业员工有更好的绩效表现，是否能为企业增加效益和提升竞争力。

第三，企业员工的数字化素质、技能和经验：企业员工是否能熟练地使用数字技术产品和服务，员工采用这些技术产品和服务之后能否较快到产生预期的效果。

第四，企业员工对数字技术产品和服务的认可与接受程度：企业员工是否认为数字技术产品和服务对企业和自身发展具有价值，企业员工是否认为这些技术产品和服务易于使用。

第五，社会数字化环境与氛围：是否存在积极开展数字化的社会氛围并对企业产生数字技术应用的压力，数字技术产品和服务的采用能否帮助企业获得社会的认同。

三、推进技术融合的途径

技术融合过程是把企业的技术要素与其他生产要素充分地调动起来，使其协调一致、相互作用、相互促进的过程。影响技术融合的企业内生变量主要包括企业自有技术、企业文化、企业管理模式，其与技术融合的关系如图 4-3 所示。

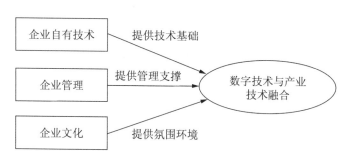

图 4-3 推进技术融合的三个维度

因此推动数字技术与工业技术融合的推进，也应当围绕上述三个维度来展开。

一是提升企业技术水平。技术水平的改进，可以通过两种方式进行，一方面是加大企业研发投入，进行技术升级，另一方面需要投入资金，进行技术引进。无论哪种方式，都强调投入的重要性，这种投入不仅包括资金，还包括人才。

二是提高企业管理水平。从现代产业发展的趋势来看，技术融合并非都涉及前沿的高新技术，并非一定要投入大量人力物力开展技术研发。相反地，技术融合往往更依赖于企业通过组织机构、制度规则、业务流程等的变革与创新，来达到促进不同技术相互融合、相互渗透、相互促进的目的。

三是培育企业创新文化。技术融合不仅来源于技术突破和管理变革，也来源于那些产业创意，使企业能够时刻把握消费者需求，积极把新技术应用于生产和服务之中，形成贴合市场的新型生产能力和服务能力。因此促进新技术与旧技术的融合，也需要企业上上下下具有创新性文化。

第二节 业务层面上的融合

业务融合是指企业将数字技术应用到原材料采购、产品研发设计、生产制造、服务开展、市场营销、财务管理、人力资源管理等各个环节，以促进业务创新和管理创新，从而实现生产效率和管理效率的提高，大幅度提升企业的市场竞争能力。

一、业务融合的过程

关于企业数字化与企业管理业务的融合过程，目前主要有两种得到广泛认可的理论模型，一是诺兰模型，二是米歇尔模型。综合这些理论并结合国内一些学者的观点，本书将企业数字化的业务融合过程分为如下四个阶段：引入阶段、集成阶段、流程变革阶段、战略变革阶段。在前两个阶段，数字化支撑和强化企业现有业务流程；在后两个阶段，数字化开始引导和改变企业业务流程[①]。

第一，引入阶段。企业开展引入数字技术，部分职能部门实现业务

---

① 刘英姿、吴昊、林伟：《企业信息化阶段的发展模式及阶段特征分析》，《科技管理研究》2004 年第 2 期。

自动化，如办公自动化、计算机辅助设计和制造系统等。同时企业设立数字化部门，但与其他部门之间的联系较弱。在这一阶段，员工只需具备基本计算机操作技能，管理层关注短期效率提升，组织结构基本以单个部门为中心运作。

第二，集成阶段。企业建立内部职能部门的系统集成框架，并采用统一的数据管理系统，如数字系统、计算机集成制造系统等。数字技术开展改造和优化企业内部结构和业务流程，首席信息官（CIO）领导的数字部门发挥重要作用。在这一阶段，企业关注中短期效益，重视部门间协调和重构组织结构。

第三，流程变革阶段。从外部来看，企业通过数字系统和数字网络，实现与供应商、分销商共享资源和整合数据。从内部来看，企业根据数字化高效应用开展业务流程重组，并以各类分布式、移动化的数字平台为支撑，通过组建项目团队等方式增强组织灵活性，实现组织结构扁平化，提升协作和学习能力。在这一阶段，数字技术应用于战略层面，企业重视重新设计业务流程和企业边界。

第四，战略变革阶段。数字技术的深度应用，颠覆了行业和市场的定义，重新界定了业务范围和经营模式，开创了新的产业蓝海。在这个阶段，企业面临前所未有的变革压力，必须通过战略层面重新设计，再造组织结构和业务流程，并增强企业的学习能力来适应不可预测的变化。

二、业务融合的影响因素

根据诺兰模型、米歇尔模型等理论中给出的企业业务融合影响因素，并吸收相关文献的研究结果，本章构建了企业业务融合的主要影响因素，见图 4-4。

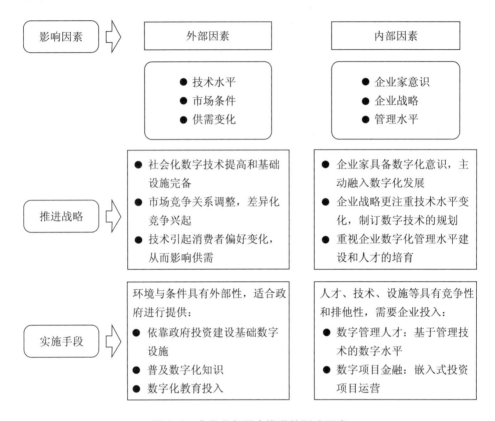

图 4-4　企业业务融合推进的影响因素

企业业务融合的推进，本质是企业的决策行为，但是也受外部条件的影响。因此，业务融合的影响因素可以分为两类，一是内部影响因素，包括企业家意识、企业发展战略和企业管理水平等；二是外部影响因素，实际上，外部数字环境和技术条件的变化无时无刻不影响着企业的内部决策，这包括数字技术水平、数据供给能力、市场条件和供需变化等。

从企业内部来看，在数字化的背景下促进企业的业务融合，重要的是提高企业的决策水平、技术水平和管理能力。具体而言，包括三个方面。一是企业家具有数字化意识，主动融入数字化发展，通过提高数字化应用能力促进企业业务融合。比如全球数字技术巨头苹果公司，就是依赖企业灵魂人物乔布斯将传统 PC 业务和互联网业务融合起来，造就了苹果从传统 PC 制造企业向现代创新型数字企业的转型。二是企业从战略层面上关注技术变化，并制订数字技术发展规划。许多成功企业都非常重视制订内部的数字技术发展规划，通过整体实施数字化战略提升企业的竞争力。三是重视企业数字化管理水平提升，当前数字化在企业中的地位越来越突出，其重要性已不亚于资产管理、财务管理和市场管理，因此提升企业的数字化管理水平、培养数字化管理人才，已成为企业成功推进业务融合的关键所在。

外部环境的变化也会间接影响企业内部的业务融合。其一，数字技术发展和数字基础设施建设水平将会对业务融合产生影响，如果企业所处的区域不具备完备的数字基础设施，那么企业很难推进内部的业务融合。其二，市场竞争环境会刺激企业开展业务融合。在数字技术迅速变化的条件下，企业之间由"背对背"的竞争变成"面对面"的竞争，企业如果想提高竞争能力，必须采取差异化的策略，而利用数字技术推进业务融合是企业实现差异化竞争的重要途径。其三，技术发展与应用引发的消费者偏好变化将会改变消费行为，进而影响市场上的供需关系。在许多情况下，企业推动业务融合是为了更好适应市场的变化，满足消费者已变化的需求。因此，企业要在未来的竞争占据有利地位，必须依靠数字技术来推进传统业务和数字技术的融合，更好地满足消费者的新需求。

三、推进业务融合的途径

由上面的分析可以看出，"数实融合"框架下的业务融合推进策略，重点在于企业不断调整自身经营行为来适应市场的变化，本质是企业自身的战略决策行为变化。在这种情况下，推进企业的业务融合，重点在于企业利用市场机制进行数字化投资，来完成传统业务向新型业务的转型。具体而言，包括两个方面的投资：一是对数字化专业人力资本的投资，包括数字管理人才和技术人才的引入、员工的数字化技能培训等；二是对数字化项目的投资，建设各类能够支撑业务融合的网络、系统、平台等。

另外，良好的外部社会环境是企业推进业务融合的保障，但是由于环境因素、社会条件等具有较强的外部性，因此企业不可能对其进行投资，其作为公共物品，需要由政府提供，如政府投资建设基础数字设施、普及数字化知识、加大数字化教育投入等。

第三节　产业层面上的融合

"数实融合"语境下的产业融合包括两种内涵，一是数字产业与工业、服务业的融合，形成新型的数实融合产业，如智能制造、电子商务等；二是以数字技术应用和数据资源开发为基础的制造业与服务业融合，形成服务型制造和制造型服务，如定制生产、产品远程维修维护

（MRO）等。无论是何种内涵，其本质都是利用数字技术和数据资源，打破传统产业之间的界限，促进产业之间的相互渗透，形成新型的产业门类。

一、产业融合的类型

如上所述，产业融合的本质是传统产业边界被打破，从而实现产业之间的相互渗透。从产业相互渗透的程度与方式，可以将"数实融合"中的产业融合分为三种类型。

（一）替代型融合

具有相似特征与功能、在一定程度可以相互替代的产品称为替代产品。在传统生产方式中，采用的技术是不同的，各自独立产品在功能上很少存在替代关系。在数字化进程中，相互独立的部门可以提供相似的技术体系及运作平台，从而使这些部门的不同产品或服务处于某种共同的标准技术集合中。在这种情况下，这些具有相似功能特征的不同产品与服务就有可能得以相互替代，当然在实际中，主要是数字化新产品或新服务对于传统产品或服务业务的替代，如数码相机对胶片相机的替代、智能手机对收录机的替代、电子商务对传统商业的替代等。随着数字技术向各个领域的渗透，替代型融合将成为产业升级换代的重要形式。

（二）互补型融合

互补性产品或服务是指那些必须与其他产品或服务一起消费的产品或服务，例如传统照相设备中相机与相纸是互补的，燃油型汽车中汽车与汽油是互补的，电子商务中电脑、手机等上网终端与互联网服务是互补的。这种情况下，消费者购买的是一个系统，而不是单个产品或服务，这些互补产品需要相互兼容，才能有机地一起使用。互补型融合指的是将具有互补性的独立产品整合到同一技术集合中，并实现高度兼容，这意味着原本独立的产品和服务在共同技术集合中形成一个系统，使它们能够有机地联合使用。例如以前银行的各类金融服务与腾讯等企业提供的即时通讯服务是相互独立的，但在互联网经济发展的背景下，两者实现了互补，消费者可以用微信实现支付功能。这种融合的必要条件是不同产品之间具有功能上的互补性，充分条件是这些产品在共同的技术集合中具有高度兼容性。互补型融合通常发生在按照相同标准开发的新产品或子系统之间，这些产品在联合使用时能够实现独立使用所无法实现的功能[1]。

（三）结合型融合

结合型融合是指将原本独立的产业或领域通过技术、资源和价值链的整合，形成一个新的、更为综合和复杂的产业体系。在结合型融合中，不同的产业之间不再保持独立运作，而是通过共享资源、合作创新和协同发展的方式相互融合和交叉影响。最典型的结合型融合发生在媒体领域，传统的电视、报纸、出版等本属不同行业，但随着互联网的快速发展与普及，几乎所有媒体都融合到了全新的网络媒体平台之中，在

---

[1] 朱瑞博:《价值模块整合与产业融合》,《中国工业经济》2003 年第 8 期。

终端上实现了多屏合一，在内容上实现了多媒体集成。与替代型融合和互补型融合不同，结合型融合完全消除了原本各自产品的独立性，使它们成为一个统一的整体。在这种融合类型中，不同产品之间的边界模糊，彼此之间的功能完全结合在一起，形成了一种全新的产品。

数实融合过程中的结合型融合主要表现在，随着大数据、云计算、5G 等新兴数字技术的广泛应用，以及数字技术与其他技术的相互渗透和融合，产生了数字化、网络化、智能化的新型产业结构以及新产品。

二、产业融合的过程

上述三种产业融合的产业渗透方式与程度各有差异，因此其也具有不同的融合路径，下面分别进行论述。

（一）数字化促使传统产业重组

替代型融合是数字技术对传统产业的改造和重组的过程，这主要发生在具有紧密联系的产业之间，这些产业往往是某一大类产业内部的子产业。数实融合主要表现为用数字化的控制技术和电子产品改善制造工艺和生产流程，提升大型连续加工工业的过程控制水平；用先进的制造技术提升成套设备和组合加工装备的集成化水平；用数字技术使技术开发、产品研制、生产制造集成化，缩短开发周期，降低制造成本，满足市场多样化需求；用网络和大数据实现生产链和价值链上的数据共享与业务协作，提高企业内部和产业链的生产、管理、服务效率。

数字技术环境中的传统产业重组主要有两种形式，一是数字技术对流程的改造，运用特定的软件、系统和平台为企业改善流程和工艺、数据处理和辅助设计等服务内容；二是网络技术为传统工业服务，以互联网为运作基础形成网络产业、电子商务的广泛运用，用互联网技术改造传统工业，以及网络产业对传统产业的渗透融合①。

数实融合后的原有产业，即使生产还是原来的产品，但也形成了一个新的数字产业。数实融合的过程，也是所有产业变成数字产业的过程。例如，智能手机对功能手机产生了替代型融合，它使得原来的功能手机同时具备了通话和 PC 的功能，不再是简单的通讯工具，成为了智能移动终端。自此，产品的本身属性和制造工艺发生了重要的变化。同时，竞争使得产业内进行了重组，国际上，苹果、三星等公司代替诺基亚、摩托罗拉等传统手机厂商；国内华为、小米等代替金立、波导、联想等传统手机厂商，成为手机制造行业新的巨头。

（二）数字化推动产业间渗透

数实融合中的另一种产业演进路径主要通过产业间的功能互补和延伸实现产业互补型融合，这种过程往往发生在高科技产业的产业链自然延伸的部分。数字技术在产业领域的广泛采用，构建起互联互通的数字化数字流和服务流平台，从而突破曾经分隔不同行业的障碍②，促进产业间业务、市场、组织等方面的融合，即为了适应产业发展而形成的产业边界收缩或消失。这种融合更多地表现为第三产业向第二产业的渗

---

① 罗奕：《信息化条件下的产业融合研究》，江西财经大学 2004 年硕士学位论文。

② 吕斌、李国秋：《GPT 视角下的新一代信息化测度》，《图书馆杂志》2016 年第 1 期。

透，形成与生产制造过程相关的生产性服务业。它们通过生产前期的研究与开发、生产中期的设计与策划、生产后期的数字反馈等环节，直接作用于第二产业的生产流程，主要包括经营组织服务业、工业数字服务业、资本服务业、商贸服务业等。

此类产业融合过程同时也是产业服务化的过程。在这过程中，第三产业向第二产业渗透，在产业融合的过程中完成服务化。例如合同能源的产生，使节能产业与传统的钢铁、装备制造业相互渗透，形成互补型融合。借助合同能源的服务业形态，节能产业利用现代数字技术，监控传统钢铁、装备制造业的设备运行、能源消耗、节能设备利用情况，在为传统制造业企业提供实时节能服务的同时，也收集了自身节能业务开展所需要的销售和盈利数据。这种业态介于第三产业和第二产业之间，是产业间相互渗透的表现。

（三）数字产业与传统产业交叉

数实融合中的结合型融合往往是发生在高科技产业和传统产业边界处的产业融合。由技术融合激发的扩散性技术创新，为传统工业的升级提供了可能。同时，由产业融合产生的市场创新也为新产品开辟了新的市场空间。传统工业在生产工艺、生产设备方面采用新的技术生产新产品，通过各产业之间的技术联系，产生前向关联和后向关联的扩散效果，以获得上下游产业提供的更新的技术产品。更新的供给品，也使得传统工业产品升级、产品效用增加。高技术和传统产业的嫁接也可使传统产业培养出高技术产品，如微电子设备、智能制造设备、生物医药与器械等取代传统产品。

在融合过程中，数字技术与传统制造技术的融合催生出新型数字化、数字化、网络化产品，实现产品升级。例如，车联网是典型的数字产业与传统制造业交叉产生的新产业，其通过现代数字网络技术为驾车用户提供车载数字服务，包括实时救援、车况数据展示、交通路况服务、导航以及娱乐服务等，形成结合型融合。

三、产业融合的影响因素

根据产业融合的相关理论并综合不同学者的观点[1]，产业融合主要来源自三方面的原因：技术进步、市场变化和管制放松。数字技术革新是产业融合的内在驱动，市场变化和管理放松是产业融合的外在原因。

（一）数字技术革新

数字技术革新对产业融合的作用表现在以下方面。

其一，数字技术革新开发出了替代性或关联性的技术、工艺和产品，这些替代性或关联性的技术、工艺和产品通过渗透、扩散融合到其他产业之中，或者改变原有产业生产的技术路线，或者丰富了原有产业经营的内容和形式，从而改变了原有产业产品和服务的消费特征。

其二，数字技术革新由于改变了原有产业产品或服务的技术路线和技术特征，因而改变了原有产业的生产力函数，从而为产业融合提供了

---

[1] 植草益：《数字通讯业的产业融合》，《中国工业经济》2001 年第 2 期；戴魁早、杨开开、黄姿：《两业融合、技术溢出与企业创新绩效》，《当代经济科学》2023 年第 3 期；宾厚、马全成、王欢芳、张伟康：《产业融合、技术转移与协同创新绩效》，《统计与决策》2020 年第 1 期。

动力。

其三，数字技术革新改变了市场的需求特征，给原有产业的产品带来了新的市场需求，从而为产业融合提供了市场空间。

（二）市场环境变化

市场环境的变化也会对产业融合产生巨大影响。

一是市场竞争。许多制造行业同行企业之间的同质化竞争非常严重，使制造业产品利润率越来越低。据统计，2022年我国制造业的平均利润率为2.59%，而世界500强的平均利润率为6.57%[①]。在这种形势下，制造企业不得不寻找开展利润率更高的服务业务的机会，促进制造业务与服务业务尤其是数字服务业务融合发展，以建立起企业新的差异化竞争优势。

二是市场需求。随着经济的发展，大部分顾客不再满足于简单产品或基础服务，而是需要更个性化、精细化、创新性的产品或服务，以及"产品＋服务"的综合服务。同时在互联网和智能终端深度普及的背景下，顾客对于网络化、移动化、智能化的远程服务、网上服务有着越来越强烈的需求。在这种情况下，许多传统的制造企业、服务企业开展进军数字产业，许多数字企业也不断向传统产业渗透，尤其是在零售、支付等领域，数字企业已超越相应传统行业企业，形成了阿里巴巴、支付宝等产业巨头。

---

① https://www.sohu.com/a/647836516_121032922.

三是环境和资源方面的约束。在环境和资源约束不断强化的大背景下，制造业企业为创造良好的环境效应，一方面会通过绿色生产和清洁生产技术的应用达到节能减排的效果，另一方面，企业也会通过向客户提供相应的服务业务（如产品租赁、产品远程监控和维护、合同能源管理等），来减少产品生产、使用、报废过程中的能耗和物耗。

（三）产业管制

经济管制的放松是产业融合的外在原因之一。经济管制理论认为，通过设置政策性进入壁垒，可以平衡自然垄断企业的运营成本和公共利益的矛盾。这样的管制措施旨在保持市场的竞争稳定性，同时确保消费者能够获得合理的价格和高质量的产品。在一些国家，政府也可能采取其他措施，如价格管制和监管机构的设立，以监督和管理自然垄断产业的运营。随着市场需求的增长和技术进步，在一些自然垄断产业中，可能会出现新的竞争者进入市场的机会。新的技术和商业模式可能改变了产业的竞争格局，降低了进入门槛和沉没成本。这意味着自然垄断企业面临更多来自竞争者的挑战，市场的竞争格局可能发生变化。在这种情况下，政府经济性管制的依据逐渐减弱，管制最终会放松。管制的放松导致其他相关产业的业务加入原先被管制产业的竞争，从而逐渐走向产业融合[①]。最典型的例子包括金融业、传媒业，在中国，以往这都是进行严格管制的行业，但随着互联网发展所催生的电子商务、网络信息服

---

① 马健：《产业融合理论研究评述》，《经济学动态》2002 年第 5 期。

务等新业态的出现，许多互联网服务企业都完全具备了更高水平的金融、媒体服务能力，并通过各种手段不断向这些垄断行业渗透，最终政府顺应数字化发展潮流，允许互联网企业进入这些行业，从而形成了互联网金融、网络媒体等新兴的融合型产业。

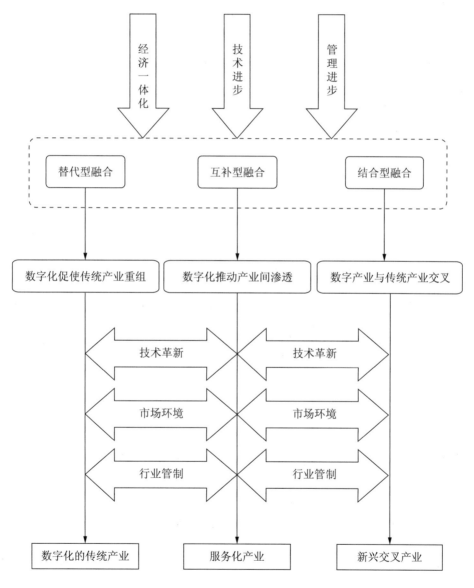

图 4-5　产业融合的影响因素

四、推进产业融合的途径

根据上文对影响产业融合的几类因素的分析，我们认为应当从以下四个方面推进产业融合进程。

（一）促进产业融合相关新型技术的研发与应用

与产业融合相关的新型数字技术门类很多，但大致可分为两类，一是与产品相关的嵌入式技术，二是与业务相关的物联网、云计算、大数据、人工智能等新型数字技术。

其一是加强嵌入式技术的研发与应用。嵌入式芯片和嵌入式系统在汽车电子、消费电子、重大装备、军工航天等领域应用非常广泛，是数字技术与工业技术相互融合、形成智能化新型产品的重要基础。因此，要推进工业化和数字化的产业融合，就要大力发展我国的嵌入式系统及相关基础研究，促进中国制造向中国创造转变。目前，我国嵌入式系统产业的整体水平还比较落后，总体规模小、自主技术创新能力差、应用领域有限、产业化程度低，直接影响了我国工业的创新与转型。因此，未来我国应加强嵌入式技术的研发，增强自主创新能力，加快技术应用。

其二是促进物联网、云计算、大数据、人工智能等的普及应用。产业融合需要企业建立起产业链整合和产品价值链的综合管理能力。一方面，新兴的宽带无线网、物联网等技术有助于企业实时掌握物品在产品全生命周期范围内的状态，从而增强服务能力、提升整体效率，为产业融合与创新提升技术基础。另一方面，网络资费也是影响制造业服务化转型的一个因素。许多融合业务的开展，都需要移动网络对设备进行远程、实时的感知、监控和管理，网络使用成本是新型业务成本的重要组成部分。从调研的情况来看，不少企业都反映目前无线网络的资费过高，提高了制造服务的价格，影响了客户对这类服务的接受度，制约了企业的业务创新。

（二）刺激和带动市场对于融合型业务的需求

产业融合是一种产业创新与变革，将形成许多新业态和新产业。对这些新业态和新产业，市场一般会有一个认识和接纳过程。在这一业务瓶颈期间，企业将面临市场需要不足的问题，发展比较困难。为帮助企业渡过这一困难时期，政府可以从两方面着手。

其一，刺激市场对新业态和新产业的需求。如为促进设备的远程维护保养业务（MRO），政府可以出台"重大设备强制原厂维保制度"，即重大设备在交付使用之后，只能由原有生产厂商来进行设备维护维修，既有助于保障社会安全，又可以刺激 MRO 业务的市场需求。

其二，通过政府购买服务的方式带动市场需求。在创新企业推进新的融合型业务之初，由政府出资采购这些服务或产品，一方面缓解企业的资金压力，另一方面起到新型业务的宣传和推广作用。

（三）消除大数据行业与传统行业相互渗透的制度性障碍

在产业融合拓展过程中，传统行业体制机制与政策法规等制度性限制仍然是其主要障碍之一。在"五个中心"相关行业中，金融、航运是高度管制的行业，行业进入门槛很高，制造、贸易、科创等行业的进入门槛虽然不高，但目前上海这些行业的龙头企业和重点机构几乎都是国有企业或事业单位，在推进大数据与实体经济融合中，往往是数字企业十分积极，传统行业的国有企业和事业单位及其工作人员相对缺乏积极性与能动性。

笔者前期在对金融、航运、科创等行业进行调研时发现，当前我国对这些行业的企业和机构的经营范围有诸多限制（例如需要互联网服务资质、信息安全保障能力资质、无线电频谱资质等），这就使得这些企业难以方便地向数字化领域渗透。另外，我国对金融、航运、科创等行业仍设有较高的门槛限制，从事这些行业的数据加工与服务也需要相关的资质，造成数字企业特别是中小型企业难以进入。

（四）加快推进数字应用标准化

在不同行业相互融合的过程中，往往存在着技术融合上的障碍，这种障碍又可分为标准接口、技术刚性和技术不完善。以标准化体系的建设，加速推进模块标准化的推进。促进模块研发环境的健全，推动模块重用与整合，削减模块交易的各种成本。

数字和数据的交换过程需要相应的协作过程、系统化的同步发展。数字化程度的不同制约着数实融合的深入发展。标准化的制定有利于数字化的同步发展。特别是上下游企业间的数字应用接口的标准化和统一，对促进整个产业的数字化具有杠杆作用。

第四节　大数据与"五个中心"的融合领域

参考上述对数实融合层次的分析，本书结合"五个中心"相关行业的主要内容，梳理了大数据与"五个中心"相关行业的融合领域以及支撑条件，如表4-1所示。

表4-1　大数据与"五个中心"的融合领域

	技术融合	业务融合	产业融合	支撑条件
制造业	工业智能技术 绿色生产技术	协同制造 智能制造 定制生产	智能产品 服务型制造 工业数据服务	技术上：完善数字基础设施，加强融合型技术研发
金融业	金融科技	智能投顾 大数据普惠金融 基于大数据的金融风控 基于大数据的金融监管	网络金融 金融数据服务	理念上：企业管理层加强数字化意识、提升数字化能力，企业员工提升数字化素质
贸易业		智能口岸 智慧供应链 商务信用	电子商务 数字贸易 贸易数据服务	体制上：建立专职大数据部门和首席数据官制度，建立数实融合新业务板块
航运业	电子航道图 机场大脑 时空操作系统	智能港口 智能航道 智能码头 智能机场	航运数据服务	制度上：放松行业管制，允许相互进入，扩大对数实融合新产品和服务的需求
科技创新	科学计算	数据驱动的科学 基于大数据的科研监管 协同创新	科技数据服务	环境上：培养复合型人才，加强资金投入，营造良好社会氛围

一、大数据与"五个中心"的融合层次

借用本章前述关于数实融合的层次划分，下面对大数据与"五个中心"相关行业的融合领域进行梳理。

（一）大数据与制造业的融合

技术层面上，大数据技术与工业技术的融合，可以形成工业控制、在线检测、智能排产与调度、远程维修维护（MRO）等工业智能技术以及相关的绿色生产技术。

业务层面上，将大数据应用于制造企业的研发设计、生产制造、管理营销等环节，可以形成设计仿真、协同制造、智能制造、定制生产等新业务模式。

产业层面上，大数据产业与制造业的融合，一方面，可以创造基于大数据的智能新产品，发展服务型制造新产业；另一方面，可以形成专业化的工业大数据服务产业。

（二）大数据与金融业的融合

技术层面上，基于大数据、云计算、人工智能、区块链等技术的金融创新，可以形成大数据金融、人工智能金融、区块链金融和量化金融等新型金融科技。

业务层面上，将大数据资源及技术应用于支付清算、借贷融资、财富管理、零售银行、保险、交易结算等金融业务，可以形成智能投顾、大数据普惠金融、基于大数据的金融风控、基于大数据的金融监管等新型业务模式。

产业层面上，大数据与金融业的融合，一方面促进形成网络金融产业，另一方面推动形成快速增长的金融数据服务产业。

（三）大数据与贸易业的融合

业务层面上，将大数据应用于商贸各领域和各环节，可以形成许多新型商贸业务，例如智慧口岸，智慧机场、智慧码头、智慧供应链等。

产业层面上，一方面大数据应用于商贸领域，可以形成电子商务、数字贸易等新型产业；另一方面，大量商贸数据的集聚与开发也将催生商业、贸易等专业数据服务行业。

（四）大数据与航运业的融合

技术层面上，大数据技术与航运运营及管理技术可以在多个领域进行融合，形成电子航道图、机场大脑、时空操作系统等新型技术。

业务层面上，大数据在港口、航道管理、码头、机场等重点航运领域中的应用，可以形成智能港口、智能航道、智能码头、智能机场等新型业务模式。

产业层面上，随着航运业数字化水平的不断提升，其对专业数据服务的需求也将快速增长，推动形成航运专业数据服务业。

（五）大数据与科创的融合

技术层面上，大数据与科学方法的结合，可以形成科学计算等新科学范式，科学计算是指基于大数据，利用计算机再现、预测和发现客观世界运动规律和演化特征的全过程。

业务层面上，将大数据应用于科技研发、科研监管等环节，可以形成全球协同研发新模式，以及基于大数据的科研评估、科研监管等模式。

产业层面上，目前科创数据服务已形成一个不断增长的数据产业门类，其中既有传统的科技文献、科技资料、科技数据等服务，也有近年来涌现的科学数据集、语料库等专业服务。

二、大数据与"五个中心"融合的支撑条件

通过上述对数实融合各个层面的融合过程、影响因素和推进路径

的分析,下面对大数据与"五个中心"相关行业融合的支撑条件进行梳理。

技术上,一是要完善大数据与"五个中心"相关行业融合所需要的各类基础设施,包括通讯、网络、计算中心、物联网等通用基础设施,以及智能道路、智慧物流设施、区块链金融服务网等行业数字化基础设施;二是大力支持各类融合型数字技术研发,包括工业软件、绿色制造、金融科技、电子航图、科学计算等技术,为数实融合提供先进和适用的技术供给。

理念上,一是企业管理层,要增加数实融合的意识,提升推动大数据与本企业融合创新发展的能力,尤其是传统行业企业的管理层,更需要学习和掌握大数据分析利用和管理能力;二是企业员工层,要通过教育培训等形式,促进员工充分认识数字技术的价值,主动适应和融入企业数字化发展。

体制上,其一,传统行业企业应当探索建立专职的大数据部门并建立首席数据官制度,加强企业数据的汇聚、治理与利用,积极开展基于大数据的业务创新;其二,传统行业企业应当积极建立数实融合新业务板块,尤其是各国有企业可以与相关数字企业合作,建立专门从事工业软件、数字金融、航运数据服务等业务的经营实体,充分利用传统行业和数字行业的优势推动业务融合创新。

制度上,一要逐步打破大数据与"五个中心"相关行业融合发展的制度壁垒,尤其是目前管制水平较高的金融、航运、科创等领域,应允许更多数字企业进入这些行业开展业务创新；二是要扩大对数实融合新技术、新模式、新业态的需求，尤其是包括政府在内的公共部门，应当及时更新公共采购目录，率先加快对前述数实融合新产品和新服务的采购，带动社会需求量的提升。

生态上，一是要大力培养既精通大数据技术又熟悉传统行业的复合型人才，支持数实融合技术、业务与产业的创新；二是加强资金投入，支持大数据与"五个中心"相关行业融合；三是创造良好社会氛围，加强数实融合相关知识的普及，加强对数实融合成功案例的宣传。

第五章

大数据与制造业的融合

党的二十大报告提出，"加快发展数字经济，促进数字经济和实体经济深度融合，打造具有国际竞争力的数字产业集群""实施产业基础再造工程和重大技术装备攻关工程，支持专精特新企业发展，推动制造业高端化、智能化、绿色化发展"。习近平总书记也多次强调，"要充分发挥海量数据和丰富应用场景优势，促进数字技术和实体经济深度融合，赋能传统产业转型升级，催生新产业新业态新模式"。[①] 发展实体经济重点在制造业，难点也在制造业，因此推动大数据与实体经济融合的首要任务是推动大数据与制造业融合，促进工业大数据发展与创新应用。工业大数据是大数据与工业领域交叉融合的产物，是未来工业转型升级的重要驱动力。发展工业大数据，有助于重塑数字化时代的上海制造业新型竞争力，有助于克服 10 多年来上海存在的制造业外移和产业空心化难题，有助于增强上海经济应对国内外风险与挑战的能力。

---

① 习近平：《不断做强做优做大我国数字经济》，中国政府网，https：//www.gov.cn/xinwen/2022-01/15/content_5668369.htm，2022 年 1 月 15 日。

第一节　工业大数据的发展过程

一、工业大数据的发展过程

麦肯锡是较早关注到大数据应用及其价值的咨询机构。2011年，麦肯锡发布了《大数据：下一个创新、竞争和生产力前沿》报告[①]。2014年，麦肯锡全球发布《如何利用大数据改进制造业》（How Big Data Can Improve Manufacturing）报告，指出"以往那些身处基于过程的行业制造商利用高级分析来提高产量并且降低费用，如今制造商可以对大量来自生产和销售的数据进行追踪"[②]。

根据2017年中国电子技术标准化研究院等编制的《工业大数据白皮书》的定义，工业大数据是指"在工业领域中，围绕典型智能制造模式，从客户需求到销售、订单、计划、研发、设计、工艺、制造、采购、供应、库存、发货和交付、售后服务、运维、报废或回收再制造等整个产品全生命周期各个环节所产生的各类数据及相关技术和应用的总称"[③]。

工业大数据受到广泛重视，有以下方面的原因。

一是工业物联网（IIoT）的广泛采用催生了海量的工业数据。

---

① J. Manyika, M. Chui, B. Brown, "Big Data: The Next Frontier for Innovation, Competition, and Productivity," McKinsey Global Institute, 2011.

② E. Auschitzky, M. Hammer, A. Rajagopaul, "How Big Data Can Improve Manufacturing," McKinsey Global Institute, 2014.

③ 中国电子技术标准化研究院、全国信息技术标准化技术委员会大数据标准工作组：《大数据系列报告之一：工业大数据白皮书（2017版）》，中国电子技术标准化研究院，2017年。

IIoT 是指将传感器、仪表和其他设备连接到互联网上，以便收集和分析数据，帮助企业优化运营和决策。随着 IIoT 技术的成熟和价格的下降，越来越多的制造商、供应商和服务提供商正在将其产品和服务转向 IIoT。

二是云计算和大数据分析的发展为工业大数据处理提供了技术基础。云计算和大数据分析技术也得到了广泛应用，为企业提供了快速、高效和成本效益高的数据存储和处理解决方案。许多企业正在采用云服务来存储和分析工业数据，并使用机器学习和其他数据分析工具来提高运营效率和预测设备故障。

三是人工智能（AI）的崛起进一步增加了工业大数据采集和开发利用的迫切性。人工智能技术也得到了越来越广泛的应用，特别是在制造业和工业自动化方面。企业可以使用 AI 来识别生产线上的问题和优化供应链，还可以使用 AI 来提高设备效率和降低维护成本。

四是数据隐私和安全问题不断涌现，也要求企业加强工业大数据管理。随着数据数量的增加和复杂度的提升，数据隐私和安全也成为一个越来越重要的问题。许多企业正在加强其数据隐私和安全措施，以确保其数据受到保护。

二、工业大数据的应用领域

目前，制造业已经产生海量的数据，但数据不等同于信息，更不代表着智慧，如何对制造业中的海量数据进行处理、分析和应用，挖掘大数据蕴含的价值才是关键。大数据不仅是一种价值高、类型多、体量大的数据资产，而且是变革企业生产过程、经营管理和商业模式的核心技术。同时，数据作为目前产业发展过程中的一种新型生产要素，能够直接作用于企业生产制造全流程，改善传统制造业资源配置扭曲的现状。此外，以大数据为代表的新型数字技术与传统产业之间的交叉融合还能不断催生新业态和新模式，为提升制造业竞争力、促进经济高质量发展提供不竭动力。

在这种形势下，工业大数据在现代制造业中发挥着越来越重要的作用，包括以下四个方面。

第一，提高生产效率和质量。工业大数据可以帮助企业优化生产过程，提高生产效率和质量。通过对生产数据的分析，企业可以找到瓶颈和问题，并及时进行调整和改进，从而提高生产效率和降低成本。

第二，实现精细化管理。工业大数据可以帮助企业实现更加精细化的管理，从而提高管理效率和决策质量。通过对生产、供应链和销售等数据的分析，企业可以了解市场需求和供应链状况，及时调整生产计划和库存，从而降低风险和成本。

第三，改善产品设计和研发。工业大数据可以帮助企业了解市场需求和用户反馈，从而改进产品设计和研发。通过对用户数据和市场数据的分析，企业可以找到市场需求和趋势，并开发出更加符合市场需求的产品。

第四，实现预测性维护。工业大数据可以帮助企业实现预测性维护，从而降低设备故障率和维护成本。通过对设备数据的分析，企业可以提前预测设备故障，并及时进行维护，避免生产停机，降低维护成本。

第二节　国外工业大数据发展状况

世界工业发达国家都十分重视工业大数据的创新应用，并制定了国家层面上的发展战略。如德国提出"工业4.0"战略，美国实施"再工业化"战略，日本的"智慧社会5.0"也对工业大数据应用进行了规划。这些国家的战略焦点就是将大数据等数字技术深度嵌入工业领域，并积极发挥数据的增值作用。

一、美国工业大数据发展

美国是率先将大数据从商业概念上升到国家战略的国家。2012年3月，美国政府公布了《大数据研究发展计划》，同年11月公布的具体研发计划涉及各级政府、私企及科研机构的多个大数据研究项目。美国工业大数据发展呈现出以下特点。

应用广泛。美国工业各个领域广泛应用大数据技术，包括制造业、能源、交通、医疗等。大数据在工业中的应用涵盖了生产流程优化、设备故障预测和维护、供应链管理、质量控制等方面。

技术领先。美国在大数据技术方面处于领先地位，拥有众多的创新企业、研究机构和高校，致力于推动大数据技术的发展和应用。美国在数据存储、处理、分析和挖掘等方面具有强大的技术实力。

数据共享与开放。美国鼓励数据共享和开放，促进跨部门、跨组织之间的数据共享合作。政府和企业之间以及企业之间的数据共享成为推动工业大数据应用的重要动力。

安全与隐私保护。美国对于工业大数据的应用也十分注重数据安全和隐私保护。政府和企业采取了一系列的措施来确保数据的安全性和合规性，保护用户的隐私权益。

人才培养。为了满足工业大数据应用的需求，美国注重培养大数据领域的专业人才。高校开设相关专业和课程，企业积极招聘和培训数据科学家、数据工程师等专业人才。

近年来，美国政府持续关注大数据应用及其产业发展，并督促相关部门实施大数据重大项目，构建并开放高质量数据库，强化第五代移动通信（5G）、物联网和高速宽带互联网等大数据基础设施，促进数字贸易和跨境数据流动等。

二、德国工业大数据发展

德国作为世界领先的制造业强国，工业大数据发展迅速且成熟，具有强大的制造业实力和技术基础。通过实施"工业4.0"倡议、数据安全保护、数据共享和合作以及人才培养和研发投资等方面的举措，德国在工业大数据领域取得了显著进展。工业大数据的应用为德国制造业提供了更高的效率、灵活性和竞争力，同时也为可持续发展和创新创造了新的机遇。其主要包括以下内容。

第一，数据驱动的"工业4.0"倡议。德国是"产业4.0"的发源地之一，德国积极推动"工业4.0"倡议，将大数据与物联网、人工智能等技术相结合，推动制造业的数字化转型。"工业4.0"的理念旨在实现智能工厂、自动化生产和灵活供应链，并提供基于大数据的实时分析和决策支持。

第二，加强大数据的创新应用。制造业是德国经济的重要支柱，德国制造企业在工业大数据应用方面积极探索，将物联网、传感器技术和大数据分析等技术应用于生产过程，工业企业在生产设备和工厂中采集大量数据，通过分析和应用这些数据，实现生产过程的优化和效率提升。

第三，工业数据共享。德国鼓励数据共享和合作，促进企业间和机构间的数据合作。通过共享数据和开放创新平台，促进工业大数据的应用和创新，政府和企业之间以及企业之间的数据共享成为推动工业大数据应用的重要动力。同时，德国非常重视数据隐私保护，制定了十分严格的数据保护法规，确保工业大数据的安全和隐私，采取措施保护个人数据和商业机密。

第四，人才培养和研发投资。德国注重培养工业大数据领域的专业人才，高校开设相关课程和研究项目，为行业提供专业技能和知识。同时，政府和企业在研发领域投资资金，推动工业大数据技术的创新和发展。

三、日本工业大数据发展

自20世纪90年代经济泡沫破灭以来，日本一直面临着经济增长速度下降、发展动力不足的困境。在此背景下，日本根据全球数字化发展趋势，将大数据作为提振日本创新活力的主攻方向。2016年日本提出了"智能社会5.0"的概念，将大数据、人工智能、物联网等先进技术与社会发展相结合，实现人类社会的全面数字化和智能化。"Society 5.0"旨在通过大数据的应用，应对社会的各种挑战，包括人口老龄化、能源和资源紧缺等问题。2018年日本政府发布了"Data Strategy"，旨在推动数据的共享和利用。该战略提出了促进数据流通和开放创新、构建可信赖的数据流动环境、加强数据治理和隐私保护等措施，以实现数据驱动的社会和经济发展。2017年，日本推出了"Connected Industries"计划，旨在加强制造业的数字化和智能化。该计划鼓励企业采集和分析生产过程中的数据，实现工业互联网和智能制造的发展，提高生产效率和产品质量。

在日本政府的大力推动下，日本企业意识到大数据的重要性，积极推动数据驱动的创新。许多公司通过分析和挖掘大数据，获取有价值的洞见，以改进产品和服务，提高运营效率和客户体验。同时，日本各个产业间加强合作，推动大数据的共享和应用，通过跨部门和跨产业的合作，共享数据资源和技术经验，实现数据交叉应用，推动产业的协同创新。而且，日本在物联网和工业互联网领域具有强大的技术实力，物联网设备的普及和应用为数据采集和分析提供了更多机会，推动了工业大数据的发展。

第三节　上海工业大数据发展进程

当前上海正处于创新驱动发展的关键阶段，但既面临着发达国家制造业回归和中西部工业化进程加速的双重挤压,又面临人口、土地、资源、环境和安全的刚性约束。为此上海大力推动工业大数据发展,深化大数据在制造业各领域的应用和创新,促进制造业摆脱低成本要素投入的传统路径依赖,实现高端化、智能化、绿色化和服务化转型,助力传统优势产业焕发新活力。

一、上海工业大数据发展现状

一是做好顶层规划和设计。上海先后编制和出台了《上海市大数据发展实施意见》《上海市加快制造业与互联网融合创新发展实施意见》《推动工业互联网创新升级实施"工赋上海"三年行动计划(2020—2022年)》《新型数据中心"算力浦江"行动计划(2022—2024年)》等文件,为工业大数据发展提供全方位的政策支持。

二是推动重大项目落地和试点示范。如推动上海工业互联网创新中心、国家级标识解析试验验证平台以及中国商飞、商发制造、智能云科等一批工业大数据重点项目。近年来,上海每年都有10多项工业大数据项目入选国家工信部大数据产业发展试点示范项目。

三是构建工业大数据发展生态体系。如成立上海市工业互联网产业联盟,筹建国家工业互联网产业联盟分联盟和中国工业互联网服务联盟;围绕临港、上海化工区示范基地建设,集聚上海电信、上海超算等多方服务资源。

二、上海工业大数据发展的瓶颈

上海的工业大数据发展中还存在以下瓶颈,制约了大数据与制造业的深度融合。

第一，企业数字化动力不足。企业全面数字化是企业充分利用工业大数据等实现创新发展的前提条件。然而上海一些行业龙头制造业企业由于数字化显性效益不明显和体制机制不匹配，许多中小企业则由于数字化资源和能力有限，在推动数字化支撑制造业转型发展方面意愿不高、投入不够。

第二，工业大数据汇聚能力有待进一步加强。一方面在工业领域，不同企业和组织之间存在数据孤岛，数据无法进行有效的共享和整合而且企业内部的数据也往往存在碎片化的情况，数据来源多样，格式不一致，难以进行统一的管理和分析。另一方面，由于相关法规的限制，当前国内外之间的工业大数据跨境流通尚不畅通，上海尚未形成国内外工业大数据的集聚效应，不少工业企业虽然认识到大数据的作用，但难以获得所需要的高质量工业数据。

第三，工业大数据质量和可靠性不高。工业数据的质量和可靠性是一个工业大数据得到有效利用的前提条件。然而在实际中，由于标准规范的缺失，以及数据来源多样性和数据采集过程中的误差和干扰，工业数据可能存在噪声、不准确性和缺失等问题，影响数据的分析和应用效果。

第四，工业大数据应用能力还需进一步提升。对于传统制造业企业来说，从传统的生产模式转向以数据驱动的智能化生产模式是一项巨大的挑战，企业需要进行组织架构调整、人员培训和文化转变等工作，以适应工业大数据发展带来的变革，而许多企业还不具备这样的能力。同时，上海已逐步进入后工业化阶段，如何利用大数据开展制造业服务化转型，发展各种新型制造模式和业态，也是当前上海制造业企业普及面临的问题。

第四节　国际数据港和制造业的融合方向

基于上述对工业大数据发展现状和问题分析，结合国际数据港的功能，本书认为国际数据港与上海制造业发展可以从以下方面进行融合。

第一，加强全球工业大数据汇聚。上海要加快工业互联网建设，完善工业大数据格式、接口、质量等方面的标准规范，利用上海国际数据港的数据要素市场平台和数据跨境流动平台，建设全球工业数据中心，推动全球范围内高质量的工业大数据的采集、归集、共享与利用，使得数据可感、可见、可管、可用、可信。

第二，加强工业大数据示范应用。充分利用国际数据港所沉淀的工业大数据资源，加强工业大数据示范应用，尤其是加强基于大数据与制造业融合的服务型制造、网络制造、协同制造等新模型、新业态发展，以应用带动工业数据资源集聚和工业大数据产业繁荣。

第三，加强全球供应链体系建设。引导上海以至全国的制造业龙头企业，依托上海国际数据港的海光缆资源和数据跨境流动平台，促进中国企业本土总部与海外分支机构、生产制造以及上下游供应商的数据对接与共享，建立全球化的供应链体系，加快中国企业"走出去"步伐。

第六章

大数据与金融业的融合

党的二十大报告指出，"深化金融体制改革，建设现代中央银行制度，加强和完善现代金融监管，强化金融稳定保障体系，依法将各类金融活动全部纳入监管，守住不发生系统性风险底线"。金融业是国民经济的支柱，在大数据时代，要加强金融监管、防范金融风险、优化金融服务、稳定金融市场，都离不开金融大数据的汇聚、共享与应用。大数据在金融领域的融合发展、广泛应用，可以加速金融业的升级和转型，促进金融业实现更加智能化、更加高效、更加安全的发展。上海要打造成为更高水平的国际金融中心，必须建立完整的金融数据产业链。

第一节　金融大数据发展背景

金融大数据是指金融机构、企业、个人和政府机构在支付结算、股票投资决策、成本定价、期货期权交易、债券投资、资金拆借、货币发行、票据贴现与再贴现等业务交易及相关金融活动中产生的数据[1]。此类数据通常包括金融市场数据、行业数据、客户数据、投资数据等，金

---

[1] https://baijiahao.baidu.com/s?id=1696391488007715491&wfr=spider&for=pc.

融大数据的应用可以带来更好的金融预测、风险控制、客户服务以及业务决策等。

需要指出的是，与金融大数据密切相关的另一个常用词是大数据金融，主要是指运用大数据分析方法从事金融活动的方法和过程，即厂商、个人和政府通过云计算、机器学习、物联网、区块链等人工智能技术来匹配金融大数据的方法和过程[①]。大数据金融与金融大数据密切相关：金融大数据是工具，是发展大数据金融的基础；大数据金融是业务，是利用金融大数据的结果。本书的研究主题是国际数据港，因此更侧重研究金融大数据的创新发展。

大数据在金融业中有着十分广泛的应用。据调查，大数据技术在各行业的投资中，互联网占比 28.9%，电信占比 19.9%，金融占比 17.5%，金融位列第三，这说明大数据技术在金融行业有非常高的发展潜力[②]。以下简要梳理大数据在金融行业中的典型应用场景。

风险管理：金融机构可以利用大数据分析来评估和管理风险。通过分析大规模的数据，包括客户数据、市场数据和外部数据，可以提前发现潜在的风险因素，并采取相应的措施进行风险管理和防控。

反欺诈和反洗钱：大数据分析可以帮助金融机构识别可疑交易和欺诈行为。通过分析大量的交易数据和客户行为模式，可以发现异常模式和风险指标，及时采取措施进行反欺诈和反洗钱工作。

---

① 何大安：《金融大数据与大数据金融》，《学术月刊》2019 年第 12 期。
② 王昌宜：《大数据技术与金融行业的深度融合》，《商业文化》2021 年第 16 期。

客户洞察和个性化服务：金融机构可以通过大数据分析了解客户的需求和偏好，并提供个性化的产品和服务。通过分析客户数据、社交媒体数据和其他外部数据，可以构建客户画像和行为模型，从而更好地满足客户的需求。

市场分析和投资决策：金融机构可以利用大数据分析市场趋势和行业动态，为投资决策提供支持。通过分析大量的市场数据、新闻数据和社交媒体数据，可以发现潜在的投资机会和市场变化，提高投资决策的准确性和效果。

金融营销和客户管理：金融机构可以利用大数据分析进行精准营销和客户管理。通过分析客户数据和市场数据，可以进行目标市场定位、产品推荐和营销策略优化，提高市场营销的效果和客户满意度。

高频交易和量化投资：大数据分析在高频交易和量化投资领域有广泛应用。通过分析市场数据和交易数据，结合算法和模型，进行高频交易和量化投资策略的制定和执行，提高交易效率和投资回报率。

第二节　国外金融大数据发展状况

一、美国金融大数据发展

美国是在金融领域应用大数据较早的国家之一，这不仅得益于美国金融业发展时间久、金融体系比较完善，而且与美国在大数据技术与产业领先全球有关。美国银行等金融机构将大数据广泛应用于交易欺诈识别、精准营销、消费信贷、信贷风险评估、供应链金融、智能投顾、风险定价等领域的具体业务。

在这种背景下，美国金融大数据产业目前处于快速发展阶段，这个行业在美国的重要性不断提高。随着金融科技的兴起，越来越多的公司开始利用大数据技术来提高金融风险管理、投资分析、营销策略等方面的能力。

美国金融大数据产业拥有一个横跨多个行业的市场，包括金融服务、保险、医疗、零售、制造等。它的主要用途域包括数据分析、数据管理、交易和风险管理、市场预测和智能投资等。据统计，截至 2020 年，美国金融大数据市场规模已经达到百亿美元级别。其中，数据分析和数据管理是最重要的两个应用领域。同时，云计算和人类智能技术的发展，也将进一步促进金融大数据产业的发展。

目前，美国的金融大数据市场主要由一些大型企业主导，包括 IBM、Oracle、SAP、Microsoft、SAS 等。这些公司拥有雄厚的技术和资金实力，在金融领域拥有着较高的市场渗透率和良好的口碑。此外，各种新兴企业也在不断涌现，加速了金融大数据市场的竞争和创新。在数据分析领域，各种数据分析工具和技术正在不断涌现，如 Hadoop、Spark 等基于数据的分布式计算技术、机器学习和人工智能技术等。这些技术可以通过深度学习和自然语言处理技术，帮助金融公司提高风险控制、金融产品创新以及数据治理的效率。在数据管理方面，云计算技术正成为美国金融公司管理数据的首选，以 AWS、Azure 和 Google Cloud 为代表的云服务提供商提供各种云计算服务和工具，赋予金融公司更高效、更灵活和更安全的数据管理能力。

总体而言，美国金融大数据市场正在快速发展，各类企业投入大量资金开展技术研究与应用，将继续推动这个产业持续发展。未来，随着人工智能、云计算、区块链等新技术逐步普及，美国金融大数据市场前景将更加广阔。

二、欧洲金融大数据发展

欧盟各国政府以及金融企业十分重视大数据的创新与应用。欧洲委员会（EC）于 2018 年发布了《欧盟金融科技行动计划》（Action Plan on FinTech），旨在通过制定一系列政策措施来推动欧盟内的金融科技发展和创新。同时在金融业内的数据应用正在快速扩展，这主要是因为有越来越多的企业开始重视数据的价值，认识到大数据对于企业发展的重要性，因此许多金融业内公司都在强化数据收集、存储和分析能力，并寻求更好的数据应用解决方案。各大欧洲银行（如花旗银行、汇丰银行等）正在增加对数据科学及人工智能等技术的投入，以增强其金融科技方面的竞争力。

同时，欧盟大数据产业生态系统正在改变，各种新技术和新场景不断涌现，特别是人工智能和机器学习技术的应用将会极大地提高金融数据的价值和利用率，并且区块链技术也有望成为金融业的重要创新点。不少金融大数据初创企业在欧洲多个国家内得到投资并拓展其业务，例如，Funding Circle 是一家面向英国和美国市场的 P2P 平台，该公司利用大数据对贷款申请者进行风险评估，使其能够更快速、更精准、更安全地发放贷款；Revolut 是一家总部位于英国的公司，提供各种移动金融服务，包括多种货币转换、借记卡和信用卡等服务，其利用大数据分析并结合人工智能以优化客户使用体验。

三、日本金融大数据发展

近年来，随着区块链、人工智能、大数据等技术的发展，许多日本公司也开始进入金融科技互联网行业，如支付、投资、保险等领域。日本金融机构希望挖掘大数据的价值，同时降低金融风险和提升盈利能力，如收集顾客的生活和消费数据，提高互联网金融产品的个性化程度和服务质量等。

日本金融行业正在积极利用大数据分析技术改善业务能力，提高用户满意度，优化资产配置，并防范金融犯罪。具体应用主要集中于以下领域。

风险管理：日本的金融机构正在积极运用大数据分析技术来管理风险。它们收集和分析大量的金融数据，例如企业财务、借贷历史数据等，以预测风险、提高资产配置效能等。

信贷评估：日本的许多金融机构正在使用大数据来理解它们的客户，并为其提供精准且个性化的产品和服务，通过大数据分析来评估客户的信用状况，决定是否接受贷款申请，并进行贷款金额和利率的设定。

防止金融犯罪：金融行业一直受到金融犯罪的影响，日本的金融机构通过使用大数据技术，筛选客户信贷交易数据并建立客户画像，有利于精准分析和防范金融欺诈、洗钱等犯罪活动。

投资和交易分析：日本的投资银行和基金公司利用大数据技术来分析股票和投资组合表现，帮助投资经理们做出更准确的决策。

顾客服务信息与体验提升：为了提供更高质量、便利且定制化的服务，银行都致力于整合多种数据，例如客户交易行为数据，以推出各种消费金融服务，而且除了数据对比和分析之外，个性化通讯，以满足用户需求也是在提升和维护服务品质的重要趋势之一。

与此同时，日本的金融大数据企业在近年来有了较为明显的发展壮大，一批具有较强市场竞争力的金融大数据企业涌现出来。例如，ZUU online 是日本的一家主要为个人投资和资产管理提供线上服务的公司，该公司利用大数据对股票市场动态进行分析，推出投资建议和个人财务规划；Moneytree 是一家使用人工智能和机器学习技术的金融应用科技公司，开发的应用程序可以帮助个人和家庭管理财务，并提供基于用户的智能分析，以便于提供个性化建议。

第三节　上海金融大数据发展进程

一方面，金融业是一个高风险行业，需要大量数据来消除不确定性、规避业务风险；另一方面，金融业本身也是一个数据密集型行业，其业务运作过程中会产生大量数据。将两者结合起来，以金融大数据支撑金融业健康发展与高效运作，是建设国际金融中心的必由之路。

一、发展现状

上海市一直在积极探索大数据技术在金融领域的应用，以提高金融服务的质量、精准化和安全性。目前，金融大数据已经在上海的银行业、证券行业、保险行业、支付清算行业和互联网金融行业都得到了十分广泛的应用，并涌现出诸如"万得""同花顺"等的金融数据服务企业。同时，上海还积极打造各种金融大数据公共服务平台，促进金融业务的创新发展。

第一，大数据普惠金融。大数据普惠金融是上海在金融大数据开发利用方面的知名品牌。该概念指利用大数据技术和手段，为中小企业、个体工商户和普通家庭提供更便捷、高效和个性化的金融服务。自2019年起，上海市相关部门启动了上海大数据普惠金融应用建设工作。通过整合政务和公共事业数据，上海市将与普惠金融密切相关的数据开放给银行，使其能够利用大数据分析、数据建模等金融科技手段为中小微企业提供精准的信贷服务。此外，上海市还在积极探索更多大数据普惠金融的技术方式和应用场景，包括人工智能等领域的研究与应用，推动一些大型金融机构利用人工智能算法进行金融风险预测和管理。上海在大数据普惠金融方面的发展，为中小企业和个人用户提供了更加便捷和个性化的金融服务。

第二，金融大数据创新实验室。在市经济和信息化部门的推动下，2021年上海金融大数据联合创新实验室正式成立，该实验室由财联社、国泰君安证券、嘉实基金、华为、上海交通大学联合共建。实验室将开发各类金融数据开放和平台建设技术标准、模型等，并在满足国家和金融企业数据安全要求的前提下对社会开放，推动金融垂直领域和各行业平行领域的示范应用和产业创新。

二、上海金融大数据发展存在的短板

同时，与国际金融中心所需要的金融数据服务能力相比，上海的金融大数据发展仍存在一些短板。

第一，金融数据存储和使用分散。一是金融数据仍然十分分散，政府部门、公共服务机构、传统企业、互联网企业等都掌握着大量的金融数据，但尚无机构有能力将这些数据整合起来形成统一的金融数据平台；二是国际金融数据获取渠道不足，目前上海的金融数据机构主要收集和处理国内金融数据，难以大规模获取海外金融数据；三是金融数据使用小型化，金融数据分散化必然造成金融机构获取数据的方式单一化，其应用往往是面向单个场景、面向国内客户，难以开展面向全球的大规模金融数据应用服务。

第二，金融数据服务能力不强。目前，欧美等国家已建立十分成熟而且完整的金融数据服务体系。在金融数据供应方面，有路透社、彭博社等媒体机构，在金融数据评级方面，主要是标普、穆迪和惠誉三家机构，在金融指数机构方面，有摩根士丹利资本国际公司（MSCI）和美国晨星公司等。同时，近年来一些国际资产管理巨头也进军金融科技，成立了金融大数据平台，例如全球最大的投资管理公司贝莱德建立了阿拉丁平台，可实现风险管理、组合管理、交易、结算等业务的流程、数据、信息融合，该系统占用6000余台服务器，由2000余人负责全天维护，为全世界150多家大型资产管理公司提供数据、模型和应用服务。

2020 年全球资产管理总规模约为 93 万亿美元，其中阿拉丁能够处理和支撑 20 万亿美元。上海目前的金融数据服务能力与上述这些机构相比，存在巨大的差距。

第三，金融数据跨境流动存在障碍。近年来，我国对金融数据安全的监管越来越严格。根据相关法规，在我国境内收集的个人金融信息、从银行卡清算业务中获取的信息、征信机构在我国境内采集的信息，其储存、处理和分析原则上都要在境内完成，除另有规定，不得出境。《数据出境安全评估办法》规定，"数据处理者向境外提供重要数据、关键信息基础设施运营者和处理 100 万人以上个人信息的数据处理者向境外提供个人信息、自上年 1 月 1 日起累计向境外提供 10 万人个人信息或者 1 万人敏感个人信息的数据处理者向境外提供个人信息"，需申报网信办的数据出境安全评估。但对于哪些属于"重要数据"、哪些属于"敏感信息"，国家层面的界定仍较为原则性。另外在笔者的相关调研中，一些跨国金融机构反映，目前政府对跨境数据流动的监管是透明式的（即政府部门可以要求金融机构提供金融数据），金融机构担心其中可能存在客户隐私泄露风险，因此无法接受这种监管方式。

第四，政策法规标准仍不完善。政策方面，金融大数据发展的顶层设计仍需强化，需要通过行业整体性的产业规划和扶持政策，明确发展重点，加强方向引导，促进金融数据的共享与开发利用。规章方面，当前国内对金融大数据的流通共享还存在不少限制，如在调研中，一些银行反映，中国银保监会规定金融数据不能出域，也就是说一家银行的金融数据不能流出银行网络信息系统，这就给银行使用第三方的云计算、数据处理等服务带来障碍（包括使用"东数西算"服务）。标准规范方面，金融大数据相关标准仍处于探索期，缺乏统一的存储管理标准和互通共享规范，同时涉及金融行业大数据的安全规范还存在较多空白。

第四节 国际数据港和金融行业的融合方向

针对上述问题，本书认为国际数据港与国际金融中心建设可以在以下方面进行融合发展。

第一，加强全球金融数据汇聚。依托国际数据港的数据要素市场，推动国内金融数据入市交易，加快金融数据的流通与开发利用；依托国际数据港的跨境数据流动平台，吸引全球金融数据机构将优势数据资源向上海集聚，将上海建成全球金融海量高频数据汇聚中心；依托国际数据港的海光缆优势，建立海外金融数据采集前哨平台，从海外公开渠道采集金融相关数据并为国内金融机构提供服务。

第二，提升金融大数据服务能级。一是完善金融数据治理体系，实现不同系统的标准衔接与统一，促进金融基础设施之间的相互联通，打破不同主体、系统的壁垒，实现金融数据资源的最大价值；二是加快发展金融数据服务业，以全球金融数据汇聚为基础，大力发展金融数据采集、存储、处理、分析、咨询、安全等服务，尤其是要提升为跨国金融机构和海外金融机构提供金融数据服务的能力。

第三，促进金融数据跨境流动便利化。上海可以以国际数据港建设为契机，借助浦东新区打造社会主义现代化建设引领区的契机，推动修改完善相关法律法规，促进数据安全、数据跨境流动等法规中提出的数据分级分类制度与金融数据跨境流动需求的衔接，同时利用隐私计算、事后监管等创新跨境数据流动的监管方式，既能充分保障金融安全和数据安全，又能促进金融数据跨境流动的便利化。

第七章

大数据与贸易业的融合

党的二十大报告指出，"推动货物贸易优化升级，创新服务贸易发展机制，发展数字贸易，加快建设贸易强国"。贸易对一个国家来说至关重要，它能推动经济发展、创造就业机会、增加国家收入、促进技术和资源的流动，为国家繁荣和发展创造了良好的条件。在大数据时代，数据将赋能百业，引发深刻的产业变革，贸易也不例外。大数据将改变国际贸易格局、优化国际贸易流程、提升国际贸易活力、丰富国际贸易内容，引发国际贸易秩序的演进。因此，上海要建设国际贸易中心，必须加快推进大数据与贸易的融合。

第一节　贸易大数据的发展背景

在持续三年的新冠疫情和不断加剧的贸易摩擦的影响下，全球贸易行业面临着更为复杂和多变的市场环境。在这样的背景下，贸易企业需要转变传统的市场思维，并依靠大数据的深度应用来增强对市场的敏锐洞察力和紧跟市场变化的行动力。

贸易大数据是指海量的、关于贸易（包括进口、采购、销售等方面）的数据，通常由政府部门、国际组织、企业和其他组织或个人收集和管理。这些数据包括贸易商品的种类、数量、价格、来源和目标的地信息,以及有关联贸易伙伴、运输方式和贸易政策等方面的信息。通过利用贸易大数据,人们可以更好地了解世界各地的贸易活动,从而帮助企业开展决策、开拓市场、优化运营和制定战略,也可以帮助政府了解各种贸易政策的效果,促进贸易和经济发展。具体而言,大数据对贸易的主要作用体现在以下几个方面。

一、快速定位客户

贸易大数据中的海关数据,尤其是提单数据,是一种非常重要的数据资源。海关提单是买卖双方的交易凭证,每月都会更新。这些提单数据具有真实性、准确性和及时性的独特优势,能够提供有关当前活跃买家的信息。因此海关数据成为企业获取市场信息、了解买家需求、制定销售策略的重要依据。海关数据的广泛运用可以帮助贸易企业在市场中做出更明智的决策,从而提高市场竞争力和业务发展。

二、规避贸易风险

通过贸易大数据的跟踪和分析,可以获取采购者的交易记录并了解其采购行为模式,包括购买的产品数量、采购时间和采购价格等信息。这样的分析能够帮助企业确定最佳的推销时间,提高与采购者的订单匹配率。

另外,根据订单交易情况,供应商可以预测采购者可能的动向,从而改进或调整现有的市场战略,降低风险。通过这种方法,企业能够探索采购者的兴趣点,找出自身产品、交货和沟通等环节存在的问题,并有针对性地进行改进和调整，与采购者更好地沟通，重新获得顾客的认可。

由此可见，贸易大数据的跟踪和分析为企业提供了深入了解采购者行为和需求的机会，从而优化营销策略，增强客户关系，并提升业务绩效。

三、利用对手信息

通过贸易大数据对采购商的交易记录进行跟踪和分析，可以了解采购商在同一类产品中选择从哪个供应商进行采购。这种比较分析可以帮助企业找到突破口，进一步加强与客户的关系，并提高客户的价值。

同时，通过跟踪买方的交易记录，还可以发现同类型产品的其他供应商在交易中的份额变动。除了跟踪买方的交易记录，还可以对竞争对手的交易记录进行监测，了解买方的资料和交易记录。结合对竞争对手背景和经营情况的分析，可以判断竞争对手的经营状况。一旦竞争对手破产，企业可以在第一时间对其客户做出反应，以获取最大的利益。这样的分析能够真正实现知己知彼，制定自己的市场战略。

通过贸易大数据的跟踪和分析，企业可以深入了解采购商的行为和偏好，并基于这些信息制定针对性的营销策略。同时，通过对竞争对手和市场的观察，企业可以抓住机会，优化自身的市场定位和竞争策略，从而取得竞争优势。

四、分析目标市场

通过贸易大数据的分析，企业可以发现一个国家或地区出货量的变化，从而提前察觉产业转移的迹象，为企业的战略布局提供先机。此外，企业还能及时了解新材料、新技术、新工艺和新产品等在国际市场上的交易情况，从而能够第一时间把握目标市场的流行趋势，并与之同步进行产品开发，全面提升企业的竞争力。

通过对贸易大数据的分析，企业可以获取关键的市场信息，包括供应量、竞争对手情况、市场趋势等，以支持营销决策和产能规划。同时，企业还能够及时发现产业变化和新兴趋势，并迅速调整战略，以在竞争激烈的市场中保持竞争优势。

第二节　国外贸易大数据发展状况

从全球来看，主要贸易大国都十分重视大数据在国际贸易中的深度应用，通过推动建立贸易大数据平台、发展贸易大数据产业、完成贸易大数据服务，巩固和提升本国在全球贸易中的地位。

一、美国贸易大数据发展

美国是全球最大的进口国和第二大出口国，是世界最大的经济体，在贸易大数据开发利用方面也处于全球领先地位。美国政府部门和私人企业都积极收集和利用贸易大数据。美国政府部门中最重要的贸易数据来自美国国际贸易委员会（USITC）和美国海事保护局（CBP）。这些机构收集和分析贸易数据，用于帮助政府制定和实施贸易政策、监测和控制贸易活动、支持国家安全等方面。除此之外，美国还有很多行业研究机构、专业数据公司和大型跨国公司，也在利用贸易大数据开展行情分析、竞争情报服务、商业决策等方面。

在美国，利用贸易大数据的领域非常广泛，包括航运物流、供应链管理、金融服务、市场研究、科技创新等领域。贸易大数据的应用案例包裹运输预测、交易监控、基础设计施规划、扣税管理、商业智能等。通过贸易大数据的利用，美国政府和企业可以更好地把握国际贸易的趋势和影响，及时采纳应对挑战和机遇，发挥自己的优势，保持竞争实力。以下是一些典型应用场景。

数据共享：美国政府鼓励公共部门之间、公共部门与私人部门之间共享贸易数据，在保证数据安全和隐私的前提下，促进数据的共享和流动，以实现更好的数据利用效果。

海关大数据平台：美国海关与边境保护局（CBP）建立了一个海关大数据平台，整合了海关的各种贸易数据及其他来源的数据，利用大数据技术对这些数据进行分析和挖掘，支持海关的海关监控和商业智能等方面的工作。

贸易政策分析：美国国际贸易委员会（USITC）利用贸易大数据，对美国的贸易政策进行分析，并进入出口贸易、知识产权保护、区域贸易协定等进行深入研究，为政府的决策提供支持和建议。

物流优化：美国物流行业利用贸易数据，进行物流优化，包裹船舶装载、线路规划和库存管理等。一些数据可以帮助企业精准预测市场需求，节省成本，提高效率。

金融服务：美国金融行业利用贸易大数据，进行信用评级、金融分析和商业智能等方面的分析，帮助客户做出更好的投资决策，为企业提供融资支持等。

总的来说，美国在贸易大数据的收集、分析和应用方面，依托先进的技术和完善的机制，取得了丰硕的成果，为经济发展和创新提供了支持和动力。

二、德国贸易大数据发展

德国是世界第三大贸易国，是欧盟各国中出口和进口量最大的国家，也是世界上最具竞争力的工业国家之一。德国拥有完善的贸易数据体系，长期以来一直在积极推进贸易大数据的收集、分析和利用。以下是一些德国在贸易大数据利用方面的实际和成果。

第一，数据中心。德国与贸易相关的政府部门和私人企业都建立了自己的数据中心，收集和管理了大量贸易数据。包括经济部、工业联合会、出口管理局和统计机构等机构，都利用数据中心进行贸易大数据展示、分析和比较等工作。例如，EWorldTrade 是德国一家面向全球数字贸易服务的网络企业，该公司利用贸易大数据，向企业客户提供实时市场情报，拥有基于数据驱动的供应链技术，帮助企业客户进行商品定价、市场定位等决策。

第二，行业研究。德国的商业研究机构和科研机构经常利用贸易大数据对不同行业的经济、市场和商业趋势进行研究，为相关企业和政府决策提供支持。例如德国贸易和投资促进机构德国联邦外贸与投资署（GTAI）一直致力于为国外投资者提供德国经济和市场信息。该机构利用贸易大数据，为企业业务客户提供财务和市场分析，推动企业发展。

第三，贸易政策制定。德国政府部门也会利用贸易大数据进行数据分析和预测，制定符合德国自身国情的贸易政策，包括出口补贴、计划进口产品标准等政策。同时，贸易大数据也使德国企业能够进行更严格的合规管理。德国企业利贸易大数据对客户进行后台调查，进行反洗钱等合规管理工作。

第四，物流优化。德国是欧洲物流中心和世界上最大的货物运输港口之一，许多物流公司利用贸易大数据对货物运输过程进行优化，提高现有物质流体系的效率。例如，汉堡港口与物流股份公司（HHLA）是德国一家物流和港口管理公司，该公司利用贸易大数据，进入港口物流的优化规划，包括铁路和公路运输的选择、船舶的停靠时间等流程的调整，提供高运输效率和效益。

三、日本贸易大数据发展

日本是世界上贸易最发达的国家之一，在贸易大数据的收集、分析和利用方面也有很多具体实践和经验。日本政府、企业和研究机构都非常了解贸易大数据的重要性，积极推动贸易大数据的应用，以更好地制订贸易政策、促进贸易发展。

首先，日本政府在很多方面利用贸易大数据，如贸易政策、海关管理等。日本政府根据各行业的贸易数据开展宏观监测，加强进出口监管和合作关系管理，制定贸易政策等。此外，日本政府还在建设国家大贸易数据平台，以整合各种公共数据和私人数据，便于开展综合性贸易数据分析。日本政府还建立了自由贸易协定战略分析室，利用贸易大数据对不同自由贸易协定的实施情况进行研究，为企业制订国际投资计划提供决策支持。

其次，日本有很多世界知名的贸易研究机构，这些机构积极利用贸易大数据来分析市场和预测经济。例如，日本国际贸易研究所是日本水平最高的贸易研究所之一，该所利用贸易大数据来分析全球贸易和投资趋势，制定贸易政策，为企业和政府提供决策支持。再如日本经济产业部的顶尖研究机构经济产业研究机构（RIETI），利用贸易大数据开展商业和政策研究，包括对进出口、外商投资、知识产权、全球价值链、数字经济等方面的分析和评价。

再次，许多日本著名企业都将贸易大数据作为商业决策的重要依据，如财务管理、供应链组建、市场营销等。例如，丰田汽车使用贸易大数据来分析客户需求、销售趋势和竞争对手，以优化生产线和供应链，提高企业有效产能，其推出的"之眼"系统，通过共享全球实时销售数据和生产信息，实现了产品销售共享，提高了对市场需求的响应速度。

最后，日本东京的浦安港口是全球物流枢纽之一，该港口积极利用贸易大数据优化港口流量和服务，提高运输效率，减少时间和成本。日本物流企业也利用贸易大数据来提升自己的物流能力、改进供用链管理，例如日本物流业龙头企业东京海运公司，在全球物流行业率先打造了以大数据为支撑的国际物流生态系统，利用大数据实现对本企业及合作企业的人、货、船等的实时监管与管理。

第三节　上海贸易大数据发展进程

上海正在全力打造全球贸易中心，但传统贸易模式已难以满足当前的市场需求，而大数据技术和产业的不断发展，为全球贸易模式创新提供了前所未有的便利。因此，上海的全球贸易中心建设必须与大数据深度结合，探索形成新型贸易发展之路。

一、上海贸易大数据发展现状

在大数据风起云涌的数字时代，政府和社会都十分重视大数据与贸易行业的融合，上海在打造平台、促进应用、建设载体方面都取得了一系列成效。

（一）打造贸易大数据平台

上海作为全球经济中心、金融中心和贸易中心，已经建立了一系列贸易大数据平台和数据库。

政府方面，如上海海关累积了大量的出口贸易数据，包括海关统计数据和贸易流量数据，这些数据能够充分支持政府制定贸易政策、统计贸易数据并支持商业决策。上海海关利用贸易大数据对海关数据进行分析，发布出口退税分析报告，提升企业对外贸易的竞争实力。

研究机构方面，如上海 WTO 事务咨询中心建设的全球贸易与投资运行监控预警系统以 GTI 海关数据库、联合国及全球主要经济体经济数据库为基础，形成三个独立的监控预警模块，即贸易与投资规则监控预警模块、贸易与投资流量监控预警模块、产业运行监控预警模块，研究人员能在该平台上直接调取分析工具，与数据仓库链接，开发各类咨询产品。

企业方面，如上海特易信息科技有限公司（TOPEASE）是一家业界知名的贸易资讯服务提供商，通过各种渠道广泛汇聚国内外贸易大数据，目前已拥有超过 18 亿真实海关交易数据，结合人工智能与云计算技术，深度挖掘海量数据内在价值，全方位充分激活并释放外贸大数据潜能，帮助客户以数据赋能，不断提高企业自身的外贸数字化营销能力。

（二）数据赋能国际贸易"单一窗口"

上海深化中国（上海）国际贸易单一窗口建设，打造口岸数字服务闭环，拓展单一窗口的数据服务功能，推进各区域单一窗口的数据共享与整合，增强上海国际贸易"单一窗口"的服务能力和辐射能力。包括：打造口岸综合性大数据枢纽节点，深化口岸数据应用，建立智慧口岸服务体系，构建服务于双循环的商流、物流、资金流、信息流数字化协同平台，解决企业在国际结算、融资贷款和各类保险等业务中跑现场、纸质办理，以及融资难、融资贵等痛点问题，实现"一键式"无纸化作业和"不见面"办理。

（三）推进虹桥全球数字贸易港建设

上海以虹桥国际开放枢纽为支撑，建立跨境电商、数字内容、数字服务、行业应用和云服务等功能性平台，为数字贸易提供了有力的支持，促进了企业的成长和发展。

第一，促进跨境电子商务发展。聚集国际跨境电商业务平台及企业，发展基于互联网的数字订购型贸易，推动传统贸易数字化。加强社交媒体作为虚拟电子商务营销场景的功能，推动跨境社交电商发展。支持 AR/VR、直播导购、虚拟形象、交互式直播、区块链等技术模式与跨境电子商务的深度融合。推动传统跨境电商平台与线下实体融合，发展跨境 O2O 新零售，为消费者提供集体验、交流于一体的跨境实体零售新体验。推动进博会常年展示交易服务平台、商品展销中心等贸易平台的数字化，加强与长三角及海外数字贸易资源的对接，促进数字流量、贸易流量与枢纽客流量的融合互动，通过数字贸易促进联动长三角、服务全国、辐射亚太的进出口商品集散地建设。

第二，推动数字内容服务出口。积极推动数字娱乐、数字出版、数字传媒等数字内容的生产制作与国际市场开拓，发展数字服务出口，提升海外影响力。打造数字文化贸易平台，在文化信息、创意设计、电子竞技等领域，发展基于互联网的数字内容创造、传播、交易平台，创新数字内容消费模式。推动原创数字内容生产，引进培育游戏、动漫、演艺、网络视听、数字阅读、搜索引擎、内容社交、网络营销等新模式、新平台，鼓励原创性数字内容生产，扶持数字内容龙头企业和具有国际影响力的原创内容 IP。鼓励软件开发和服务贸易，支持企业发展离岸软件开发、离岸信息和知识服务外包业务。

二、上海贸易大数据发展中的短板

与此同时，上海贸易大数据发展中还存在以下方面的短板，需要政府和社会共同加以破解。

一是数据孤岛现象仍然广泛存在。目前,我国对外贸易中的报关、退税、结汇等环节的碎片化问题仍然构成突出的挑战。各地方和各部门对外贸的管理标准不统一,企业和政府管理部门的信息化窗口之间缺乏充分对接,导致 B2B 在线交易操作困难,需要尽快建立一个覆盖报关、报检、结汇、退税等环节的统一大数据平台,并逐步实现政企数据的对接,使线上和线下的操作能够同步进行,并最终取消纸质单据的审核。

二是政府外贸数据开放不够,尤其是外贸企业十分关注的海关数据。全球约有 30 来个国家开放了海关数据,既包括美国、英国、加拿大等发达国家,也包括印度、越南、哥伦比亚等发展中国家,中国目前仍未开放海关数据。我国出口企业以及外贸企业对全球贸易情况掌握不够,在与出口对象国的贸易活动中处于信息劣势地位,对方企业却可能利用其掌握的海关数据进行压价,损害我方企业利益。

三是贸易数据利用能力不足。企业和相关机构所利用的贸易大数据必须精确、及时且完整,才能保障贸易的顺利进行。同时,将来自不同的政府、企业和终端消费市场的贸易数据加以共享和整合,并运用于实践操作方面,需要很强的企业技术能力和人才队伍。但目前上海贸易企业大部分都以小微企业为主,贸易数据的获取、清洗、存储和管理都存在困难。

第四节　国际数据港和贸易行业的融合方向

基于上述对贸易大数据发展现状和问题分析，结合国际数据港的功能，本书认为国际数据港与贸易行业可以从以下方面进行融合发展。

第一，推动贸易数据共享。探索各自由贸易试验区国际贸易单一窗口间的数据交换，形成货物供应链数据的共享机制；制定和出台国际贸易单一窗口平台数字服务提供商的资质认可管理办法，并对外发布第三方数字服务提供商名单；制定数据标准和数据使用规范方面的法规，引入人工智能、大数据、区块链等技术整合单一窗口和第三方服务提供商的数据，通过优化数据流来降低贸易服务成本。同时参考国际上的贸易便利化协定，在现有国际贸易单一窗口报关信息查询的基础上，拓展供应链金融、贸易融资、海运保险、港航物流等增值服务，形成基于货物贸易服务的数据生态圈。

第二，强化贸易数据供给。争取国家商务部、海关总署等部门的支持，在上海建立国家级贸易数据中心，以海关提单数据、外贸统计、对外投资数据等为重点，推动相关政府掌握的贸易大数据在上海国际数据港进行汇聚，并通过公共数据的授权运营机制进行开放和利用。同时，通过建立贸易大数据服务联盟、贸易数据贸易等方式，以市场化手段将国内外相关企业和机构掌握的贸易大数据纳入国家级贸易数据中心，力争建成国内最强、面向全球的贸易数据服务基地。

第三，增强贸易企业应用数据能力。引导贸易企业通过大数据的收集、综合、处理。微观层面上，将对外贸易业务与大数据进行充分结合，提高外贸企业内部各部门之间以及企业与供应商、客户、合作伙伴之间的沟通效率，寻找和筛选国际贸易最佳合作方；宏观层面上，通过对贸易数据信息的分析研判，加强对国际市场的变动和发展趋势的跟踪，使外贸企业能够获取更多的贸易机会，同时实现贸易风险的发现与预警，保障企业利益。

第八章

大数据与航运业的融合

　　党的二十大报告强调要建设交通强国。航运是交通的一种重要形式，尤其在国际贸易和全球化时代，航运扮演着关键的角色。而航运企业有着非常频繁的资产流动，包括船流、箱流、货流、资金流等，航运企业应当重视对这些资产流动的有效监控，最好的依据和媒介便是来自各项资产流动产生的数据①。在大数据时代，提高航运企业竞争力的有效手段便是要利用大数据技术来变革企业的运作模式，进而使得客户获得更为优质的航运服务，提升航运企业的市场竞争力。大数据技术的快速发展和广泛应用，将提升航运服务质量与效率，引发航运业服务模式和盈利方式的革命，实现航运业运作体系的跨越式发展，是航运业新一轮快速发展的强大推动力。

第一节　航运大数据的发展背景

一、航运大数据的发展过程

　　航运大数据包括船舶数据、航线和航运网络数据、港口数据、货物

---

① 杨健、刘云辉：《大数据时代的航运业创新发展之路》，《世界海运》2014 年第 12 期。

跟踪和物流数据，以及天气和海洋条件数据等，这些数据为航运行业提供了关键的能力，帮助提高运输效率和安全性。

第一，船舶数据。航运大数据的重要组成部分是与船舶相关的数据。这包括船舶的位置、航行速度、航线、船舶规格和特征等信息。船舶数据可以帮助监测船舶的运营状态、航行路径和行为。

第二，航线和航运网络数据。航运大数据还包括航线和航运网络的数据。这些数据涵盖了不同港口之间的航线、船舶运输路径和停靠港口等信息。通过分析航线和航运网络数据，可以优化船舶运输计划，提高运输效率。

第三，港口数据。港口数据是航运大数据的重要组成部分，包括港口的吞吐量、装卸效率、堆场利用率以及船舶在港口停留时间等信息。这些数据可以帮助评估港口的运营状况和效率，为船舶调度和货物流动提供参考。

第四，货物跟踪和物流数据。货物跟踪和物流数据记录了货物从起运地到目的地的运输过程。这些数据可以包括货物的数量、类型、重量、尺寸等信息，以及货物在不同环节的转运和处理情况。通过分析货物跟踪和物流数据，可以实现供应链的可视化和优化。

第五，天气和海洋条件数据。天气和海洋条件对航运活动具有重要影响。航运大数据中的天气和海洋条件数据包括风速、海浪高度、潮汐等信息。这些数据可以帮助船舶和港口管理者预测和应对天气和海洋条件的变化，确保航行安全。

二、大数据在航运发展中的作用

航运大数据在航运业的主要应用领域包括以下方面。

一是航运运营优化。通过收集和分析船舶数据、航线数据、港口数据和天气数据等大数据，航运公司可以进行运营优化。例如，通过分析历史航行数据，预测航行时间和燃油消耗，从而优化船舶调度和航线规划，提高运输效率和降低成本。

二是货物跟踪与物流管理。大数据技术可以用于实时跟踪货物在供应链中的位置和状态。通过整合船舶数据、仓储数据、运输数据等信息，可以实现货物的可视化追踪，并及时调整物流计划，提高物流效率和准确性。

三是预测性维护。通过分析船舶传感器数据、设备状态数据和维修记录等信息，航运公司可以实现预测性维护。通过监测设备的运行状况，并利用机器学习和数据模型，可以提前检测设备故障风险，及时进行维护和修复，避免设备故障对航运运营造成影响。

四是航运安全管理。大数据技术可以帮助改善航运安全管理。通过分析历史事故数据、船舶运行数据和海洋条件数据，可以发现潜在的安全风险，并采取相应的预防和应对措施，提高航运安全性。

五是航运市场分析。大数据分析可用于航运市场的趋势分析和预测。通过整合航运数据、经济数据、贸易数据等信息，可以洞察市场需求和竞争情况，为航运公司的商业决策提供参考和支持。

第二节 国外航运大数据发展状况

大航海时代以来，全球航运业已经历了四次技术革命，第一次是1800年左右从风帆到蒸汽机，第二次是1910年左右从蒸汽机到柴油机，第三次是1970年左右电子技术和计算机的引入，而当前正在进行第四次技术革命，核心特征是物联网、大数据等技术的全面应用。为此，世界各航运大国都大力推动航运大数据发展，提升本国航运业的国际竞争力。

一、美国航运大数据发展

美国航运业一直在积极地开发和利用大数据技术，以提高运营效率、降低成本、提高客户满意度，并加速了数字化转型的进程。其主要应用包括以下五个领域。

第一，货物运输船舶跟踪。许多美国船舶运输公司已经采用了远程传感器技术，对船舶进行实时监测和跟踪。传感器可以提供有关船舶的位置、航速、载重量等数据，以方便船舶运输公司追踪货物的运输进程，同时及时调整运输线路和避免潜在风险。

第二，大数据分析。许多美国航运企业已经建立了大规模数据分析平台，以处理航运领域的复杂问题，例如货物运输和船只排期计划等。这些数据分析平台采用人工智能等技术，以处理海量的数据，并预测货物运输的变化趋势和未来需求。

第三，智能港口。美国一些大型港口，如纽约港、旧金山港，正在推广智能港口建设，包括自动化集装箱运输、无人驾驶车辆和机械人装卸货物等。这些技术可以极大地提高港口运输效率，减少货物滞留时间，降低船运成本，提高客户满意度。

第四，基于区块链技术的物流管理。区块链技术在美国航运业也得到了广泛的应用。区块链可以帮助船运公司建设安全透明的物流管理系统，实现货物运输跟踪和费用支付等业务。利用区块链技术，货物所有者可以随时追踪其货物的位置和状态，从而更加精准地预测货物的到达时间。

第五，船级社大数据平台。美国船级社正在开发一系列数字技术与工具，并打造大型数据架构，以便将现有数据通过新型接口与其他数据互连，获取有助于优化管理决策的新数据。通过利用大数据并进行预测分析，美国船级社能够开展更有深度的研究，为其成员单位提供更优质服务，确保其在关键经营问题上做出最优决策，这将是对传统船级服务的极大补充[①]。

二、韩国航运大数据发展

在韩国，航运业也在积极地开发和利用大数据技术，以提高运营效率和降低成本。

第一，智慧物流。韩国的一些航运公司已开始采用智慧式物流技术，通过物联网和大数据等技术，实现对货物流运输过程的实时跟踪和

---

① ［美］霍华德·法尔曼：《航运大数据：提升今日效率　缔造明日安全》，《中国远洋航务》2014年第7期。

监控，提高了物流业务的精度和效率。同时，韩国航运公司也可以利用数据分析预测需求，使货物运输更加快速和准确。

第二，智能港口。韩国的一些港口已经开始推动智能化建设。例如，釜山港通过数字网络技术实现了集装箱的自动装卸，这些技术的应用使得港口的货物运输过程更加高效，也更加安全。

第三，智慧管理。韩国航运业不仅将大数据应用于运输过程，还将其应用于战略管理。例如在应对突发事件时，韩国的一些航运公司可以通过挖掘历史数据，制定科学的应对策略，在最大程度减损的同时保证运输安全。

第三节　上海航运大数据发展进程

早在"十二五"期间，我国海事部门就以大数据、物联网及云计算作为主要的发展理念，并对信息化顶层设计提出了更高的要求，要求加强"智慧海事"建设。2015年10月，亚洲首个国际航运大数据基地青岛国际航运大数据基地正式落户青岛，该基地由青岛国际航运服务中心与全球 IT 巨头亚信集团合作打造，业务涵盖航运大数据、港口及航运业务管理、航运交易、物联网等多个领域[①]。近年来，随着大数据对经济社会发展的核心驱动作用越来越显著，相关政府部门更加重视以大数据推动航运产业做大做强。交通运输部于 2019 年发布《推进综合交通

---

① 于文庆：《亚洲首个国际航运大数据基地落户青岛》，《港口经济》2015 年第 11 期。

运输大数据发展行动纲要（2020—2025 年）》，对包括航运在内的各类交通数据的采集、共享开放、创新应用、安全治理等进行了部署。作为全国最大的港口城市，上海航运业的重要性不言而喻，因此上海一直致力于促进大数据在航运业中的深度应用。

一、上海航运大数据的应用现状

上海的港口和航运企业对大数据的应用提高了港口运作效率和运输管理效率，提升了港口应对风险能力，改善了港口精益化管理水平，进一步增强了港口的竞争力。

首先，港口企业。2017 年，上港集团推出一站式查询服务平台"港航纵横"，汇总了港口以及上下游链条上的大量数据，包括支线经营人的驳船船期、装载清单、运力发布等，码头的标准化信息、干支线以及穿梭巴士靠离泊信息、集装箱装卸动态、报文信息、海关的放关信息，大船公司以及代理的干线船期、仓单、船图货代的订舱托单信息、装箱单信息，车队的集卡运输箱信息等①。

其次，海运企业。中国远洋海运集团下属的中远海科开发了一系列航运大数据产品，如"船视宝"目前已形成了一系列大数据产品，总体分为三个方向：第一是面向船舶和船队管理服务，围绕船舶运行效率、风险管控、能耗、碳排放和海事监管规则遵守程度等功能；第二是面向全球供应链的服务，包括供应链可视化、供应链优化以及供应链智能管

---

① https：//www.fx361.com/page/2021/1209/9168189.shtml.

控等内容；第三是航运大数据分析服务，通过航运大数据分析可以生成各类航运运营相关指标，服务金融机构以及高校、研究机构。"调度宝"通过卫星通信和沿岸基站等方式，采集全球 26 万艘商船数据，获取全球船舶的实时地理位置数据，掌握船舶动向，利用人工智能和大数据技术，结合中远海运集团对航运行业的理解，研发了 115 种核心算法，计算机可以自动识别和预测船舶行为，实现对全球船舶的实时智能监控以及未来业务预判。在此基础上，针对船队、港口、地区、国家、航线等进行深入应用，研发出一系列大数据产品。

再次，专业服务机构。例如上海航运交易所建立了专门的数据中心，开发形成了多个航运大数据库，涵盖集装箱市场、干散货市场、油运市场、船舶市场、船员市场和综合市场等的运价水平、成交统计、研究报告、专业指数等。上海国际航运研究中心建设了中国航运数据库（港航大数据实验室），已经入库包含航运市场、港口码头、航运服务、经济指标、景气指数 5 大板块指标数据共计 420 余种、390 万条。从 2015 年起，研究中心开始探索港航大数据应用研究，建立了先进的大数据分析平台，存储、计算、展示了多达 1100 多亿条船舶动态数据，在此基础上研究形成一系列服务港航业的大数据分析产品。

最后，大数据企业。近年来，上海依托国际航运中心的枢纽地位以及中远集团、上港集团等航运龙头企业，涌现出一些在航运数据领域发展迅速、特色鲜明的大数据企业。以本书调研的位于临港的两家企业为例：上港集团下属的哪吒港航智慧科技（上海）有限公司（哪吒科技）

已成为国内主要港口的港航数据技术服务商，并拓展到东南亚、非洲等地市场；箱讯科技（上海）有限公司（箱讯网）通过汇聚各类跨境物流供应商的数据，帮助解决全国跨境物流企业与跨境贸易企业之间物流信息不匹配、物流成本不可控、物流差错不可避、物流财务不畅通、物流方案不合理等难题。

二、上海航运大数据发展的短板

上海航运业中大数据应用的短板主要体现在以下几个方面。

一是数据未充分集成。当前绝大部分航运数据都掌握在各个航运企业手中，未有效集成并成为公共航运数据资源。以货运数据为例，目前政府交通主管部门掌握的涉及承运货物的数据信息只有进出口危险品运输的货物信息，仅占庞大的海运进出口货物信息的极少一部分，其余细粒度数据都分散在各个航运企业。

二是数据孤岛仍存在。港航企业的基础数据也比较分散，且标准不一致，导致不同企业之间的数据相互交换非常困难。从一个集装运输的过程来看，基础数据独立分布在货主、货代、船东、海关、收货人等各方，每一方使用不同的信息系统，造成数据在各个系统之间的流通存在严重壁垒，信息开放成为其中最为关键的条件之一。

三是数据服务能力不强。对中远海科等航运企业的调研发现，目前航运行业中的许多业务都严重依赖于国外的专业数据服务，如与航运相关的全球海运气象服务、全球港口和码头运行状态数据、海关进出口货物数据等。一旦失去这些国外的专业数据服务，上海的航运中心建设都将受到严重制约，这有可能成为未来西方国家对我国"卡脖子"的新领域。事实上一些西方国家已开始关注这个问题，一些政客已开始叫嚣："为什么我们的数据要为中国企业服务？"随着西方国家对我国在经济贸易各方面的限制不断加剧，这些国外航运数据服务也存在"断供"风险。

第四节　国际数据港和航运行业的融合方向

基于上述对航运大数据发展现状和问题分析，结合国际数据港的功能，本书认为，国际数据港与贸易行业可以从以下方面进行融合发展。

第一，推动航运数据开放和共享。一方面，要加快推动政府交通、海事、航空等部门开放或以公共数据授权运营方式开放航运数据资源；另一方面，许多航运龙头企业掌握着大量行业性数据资源，这些企业中属于《上海市数据条例》中所规定的公共部门范围的，政府应当严格按照相关法规推进企业数据公开或公共数据授权运营；不属于公共部门范围的，政府也应当引导这些企业积极向产业链周边中小企业开放共享数据，或参与数据市场交易，为打造行业性数字产业生态提供充足的数据要素供给。

第二，推动国内外航运数据汇聚。对内，强化长三角、长江经济带以及沿海各主要港口的港航物流联动信息共享，打造集装箱江海联运公共信息服务平台，实现国内航运数据汇聚；对外，依托上海机场、上海港以及中远海运、各航空企业的数字业务网络，筹建全球航运商业网

（GSBN），促进全球航运数据在上海进行连通汇聚，成为全球航运行业的枢纽数据节点。

第三，培育航运数据服务企业。特别是要鼓励原属航运企业内设部门的数字化或大数据部门剥离为独立实体，或投资设立新的航运数据服务企业，依托母公司数据资源、技术力量和行业知识，发展行业性数据收集、加工和服务业务，并引导这些新设实体扩大业务范围，从以服务母公司为主向服务全行业以及服务全球扩展。同时，也鼓励其他企业和机构通过数据交易、数据抓取、数据共享等渠道获取海航运数据并开发航运数据服务产品。

第九章

大数据与科技创新的融合

党的二十大报告指出，"必须坚持科技是第一生产力、人才是第一资源、创新是第一动力，深入实施科教兴国战略、人才强国战略、创新驱动发展战略，开辟发展新领域新赛道，不断塑造发展新动能新优势"。在数字化进程不断提速和科学技术日新月异的背景下，科学技术研究方法也正在发生深刻变革，科技创新越来越依赖于海量、系统、可信的科学数据，形成一种全新的科学研究范式，即数据密集型科学。在此背景下，科学技术数据已成为国家科技创新和经济社会发展的重要基础性战略资源。因此，上海要建设具有全球影响力的国际科技创新中心，必须紧紧契合这一发展趋势，深入推进"数据＋科创"新模式，走出一条符合科技发展潮流、具有上海特色的国际科创中心建设之路。

第一节　数据密集型科学的发展背景

数据密集型科学是大数据技术创新应用和科学技术自身发展共同催生的产物。现代科学技术实验和计算技术的进步导致科学数据的规模、种类和复杂性呈指数级增长，在这种环境中，科学家通常不再直接与其研究的物理对象进行交互，而是通过数据捕获、简化、校准、分析、合成以及可视化来进行交互，从而从根本上改变了人类开展科学技术研究的方式。

一、数据密集型科学范式的发展过程

范式（paradigm）一词最早由美国科学家托马斯·库恩提出，在其代表作《科学革命的结构》一书中，库恩认为科学的发展不是单纯的线性累积，而是存在一种革命性的突变[①]。库恩在书中指出，对于在某个常规科学时期的科学共同体，存在一套公认的科学研究模式，包括科学假说、理论、准则和研究方法，作为常规科学赖以运作的理论基础和实践规范，亦称之为范式[②]。

几个世纪以前，科学家使用实验科学和理论科学来认知世界，它们被称为科学研究的第一范式和第二范式，最近几十年来，复杂系统的计算模拟被称为科学研究的第三范式[③]。近年来，随着数据采集成本逐年降低，多领域科学正在通过卫星、电话、高通设备、传感器等基础设施采集海量原始科学数据，各种观察数据、感知数据、计算数据、仿真数据以及模拟数据正在以指数形态增长，海量异构科学数据集需要被更有效地分析处理以促进科学知识发现，由此产生了数据密集型科学研究第

[①]　胡志刚、王贤文、刘则渊：《库恩〈科学革命的结构〉被引 50 年》，《自然辩证法通讯》2014 年第 4 期。

[②]　T. S. Kuhn, *The Structure of Scientific Revolutions*, University of Chicago Press, 2012.

[③]　G. Bell, T. Hey, A. Szalay, "Beyond the Data Deluge," *Science*, Vol.323, 2009.

四范式 ①。其发展过程如下 ②。

第一范式——实验科学。实验科学是最早出现的科研范式,大多是对自然现象进行重复实验进而得到成果,少有系统的理论归纳。例如,爱迪生测试几千种材料后发明钨丝灯泡、富兰克林收集雷电发明避雷针等,都属于典型的实验科学。

第二范式——理论科学。理论科学在实验科学的基础上发展而来,是对现象的理论总结和概括,强调普遍原理的发现而不是针对单个现象的研究实验。科研流程是先由重复发生的现象提出假设理论,然后设计不同变量下的多次实验并使用假设理论对实验结果进行预测,实验结果是否和预测结果一致以及在实验过程中产生的新现象将会检验和修正假设理论,假设理论在经过无数的实验和修正后才会上升至定理和真理。

第三范式——计算科学。20 世纪计算机的发明使得计算能力不断增强,科学从理论推理转向计算仿真,计算科学被认为是实验科学和理论科学的扩展,是通过计算机分析和模拟来解决科学问题的新范式。当研究范围由微观原理发现扩大至区域复杂系统研究,例如天气预报、自然灾害的预测时,计算和仿真模拟研究方法展现了巨大的优势。

第四范式——数据密集型计算科学。科学研究第四范式是以数据为核心的科学研究新范式,数据是科学研究的对象和工具,相对于传统科

① T. Hey,S. Tansley,K. Tolle,*The Fourth Paradigm*:*Dataintensive Scientific Discovery*,Microsoft Research,Redmond,Washington,2009,pp.1—13.

② 黄鑫、邓仲华:《数据密集型科学研究的需求分析与保障》,《情报理论与实践》2017 年第 2 期。

研范式对精确的原始数据和严密的假设检验过程的要求，数据密集型科研范式下的数据分析和知识发现不再追求绝对精确的原始数据，也不再依赖严密的假设检验过程，海量原始数据的采集能力以及云计算所带来的强大集群计算和资源存储能力构成了数据密集科研范式的基础，更多复杂无序的相关关系的发现以及学科间更为密切的交流合作催生了科学研究新方法。

二、数据密集型科学范式的驱动因素

第四范式是数据密集型的科学，是使用大数据处理，进行数据挖掘，机器学习等技术来支持科研与产业发展的新兴学科。其产生与发展受到了以下三种因素的推动。

一是数据增长。自从电子设备的普及之后，人类社会每天都会产生大量的数据，如社交媒体数据、公共交通数据、地球系统科学数据等。这些数据是非结构化的、庞杂的，涵盖多个领域和来源。研究人员不再限于小规模、单一数据集的研究，而是更多地使用大数据来解决复杂的科学技术问题。

二是技术进步。大数据处理技术和机器学习算法的发展，也在很大程度上推动了数据密集型科学的发展。例如，分布式计算、云计算、深度学习、神经网络、自然语言处理等技术，使得处理规模庞大、不断涌现的数据变得更加容易，在模式识别和知识发现方面甚至表现得比人类更为出色。

三是商业驱动。自然界和人类社会中产生的数据已经成为商业活动的重要组成部分，在现代社会中得到了极为广泛的应用。大数据的收集、处理、分析、利用等，已经成为各大企业的重要战略。企业不仅希望将大数据用于营销、金融、物流等业务方面，更希望推动大数据在企业科技研究和产品研发的应用。

三、数据密集型科学范式的应用场景

数据密集型科学是一种利用海量数据和强大计算能力开展科学研究的方法，在各个学科领域内都得到广泛应用，如医学、气象学、金融、工程、物理学、生物学等，以下是一些具有代表性的数据密集型科学的行业应用。

天文学：大数据技术可以帮助天文学家收集以前不可能获取的大量观测数据，大幅提高数据分析效率和成果发现能力，尤其是在黑洞研究、宇宙学和行星探测领域有着重要的应用。

物理学：粒子物理研究需要对大批量的数据进行处理和分析，这些数据含有许多人类难以发现的细节信息。通过数据分析突破粒子背后的科学秘密，可以帮助人类解决能源短缺、可持续性等问题。

生物学：生物技术的快速发展使得数据密集型科学在基因组学领域得到了广泛应用。研究人类和其他生物的基因组序列和编码蛋白质的功能，帮助人们了解人类和其他动物如何发育成型、疾病发病机制、药物的反应和疾病抵抗力等问题。

气象学：数据密集型科学也可以应用在气候科学领域，例如全球气候模拟、气候变化预测等方面。通过分析大量气象数据，科学家可以预测未来气候变化的趋势，为政府和企业的决策提供科学依据。

地球科学：数据密集型科学在空间探测领域也得到了广泛应用。例如，各国的空间机构通过分析大量行星和星际空间图像和数据，探究宇宙的起源、发展和未来走向，并研制出更加先进的火箭、卫星和探测器。

可以预见，数据密集型科学将在未来扮演越来越重要的角色，成为推动科技创新和社会进步的重要力量。

四、数据驱动的科研模式

当前，科学数据对于推进科技创新和社会经济发展的意义日益显现，其作用体现在以下三方面。

一是模型构建和验证。大数据时代的到来，为科学研究提供了更快、更准确、更高效的数据处理和分析工具，研究人员可以利用各种数据分析技术，快速发现数据中的规律和知识，加速科学研究的进展，例如基于数据驱动的研究和假设驱动的研究等。这些新的范式和方法为科学研究的创新提供了新的思路和途径。大数据对于科研者提出更具体、复杂和精细的科学问题提供了契机，同时也需要发展更加高级的模型和验证方法来解决这些问题。科研工作者可以建立多种类型、不同粒度的数据模型来描述和解释真实世界的数据，然后将其应用到实际问题中进行验证，以探索新的科学认知和解决方案。

二是协同创新与知识共享。大数据的可视化、可视化分析和人工智能等技术的应用，为学科交叉和创新提供了条件和机会，促进了研究人员之间的合作和交流，开拓了科学研究的未来。科学探索的过程是一个积累和共享知识的过程，处于交叉点处的多学科成员可以通过跨学科的研究互相促进，从而创造新的科技成果。

三是基于大数据的科研管理。大数据技术在科研管理中的应用，有利于推动科研力量的整合，促进科研机构与产业界的合作，解决研发力量分散问题。科研管理数字化可以促进跨学科合作，打通科研工作的堵点，优化创新资源配置，集成社会科研力量，增强协同攻关能力，全面提升创新活动的速度、质量和效能。通过对科研大数据进行汇集和分析，可以向全体科研人员提供科技信息跟踪、科研团队画像、科技成果评估等智能科研辅助工具[1]。就机构内部的科研管理而言，通过对研发过程和科研成果的信息搜集和智能化计算，可以更好地保证薪资和奖励的公平性，从而保证科研工作的有效激励。

总之，大数据应用促进了科学创新和交叉研究，有力地推动了社会经济的发展。未来，随着基于大数据的研究方法进一步完善，大数据也必将在科技工作中发挥越来越重要的作用。

第二节　国外数据密集型科学范式发展状况

数据密集型科学范式的快速发展，也引起了世界各国的高度重视。在全球范围内，数据密集型科学的相关实践，美国与欧盟起步较早、发展较快、成效较好，其他国家和地区纷纷跟进，大力推动科研范式升级

---

[1]　魏阙、辛欣、张敬天、许骏：《数字化转型推动科研范式变革的思考》，《创新科技》2021 年第 7 期。

和科技创新体系的数字化转型。

一、美国数据密集型科学发展

美国一直是数据密集型科学领域的领先者之一，在此领域起步最早、发展最快。美国开展的典型数据密集型科学项目包括行星物理学计划（Pluto mission）、人类基因组计划（Human Genome Project）、致癌基因组图谱计划（The Cancer Genome Atlas）、DigitalGlobe 卫星影像计划等。一方面，美国建立了强大的科学数据基础设施，包括高性能计算机、存储系统和云计算平台，这些基础设施支持科学研究人员处理和分析海量数据，推动了数据密集型科学的发展；另一方面，美国政府重视数据密集型科学的发展，并通过国家科学基金会（NSF）、国家卫生研究院（NIH）、国家航空航天局（NASA）等机构提供资金和支持。这些机构资助了大量研究项目和基础设施建设，推动了数据密集型科学的进展，许多领域都取得了重要突破。例如，在天文学、生物学、地球科学、气候研究、物理学和社会科学等领域，美国科学家利用大数据进行了深入研究和分析。同时，美国将大量的科技数据进行共享和整合，建立了不同领域的国家级科技数据中心，例如国家气象数据中心、国家环境数据中心、国家卫生数据中心等，为研究机构、企业和政府的科技创新提供了海量数据资源。

二、欧洲数据密集型科学发展

欧洲是全球范围内的科技创新引领者之一，也十分重视数据密集型科学的发展。欧洲鼓励数据共享和开放科学的发展，通过建立数据存储库、开放数据平台和数据共享机制，致力于提高科学研究数据的可访问性和可重复性，推动科学合作和创新。许多欧洲国家和机构致力于开展数据科学研究项目，探索新的数据分析方法、机器学习算法和人工智能技术，以应对数据挖掘、模式识别和预测分析等挑战。欧洲各国积极开展跨国合作，在数据密集型科学项目中分享资源和知识，例如，欧盟的Horizon 2020计划资助了许多跨国研究项目，促进了不同国家和机构之间的合作，推动了数据科学的进步。

同时，欧盟还单独或与美国等国合作建设生物医学大数据基础设施（BBMRI）、欧洲生物计算平台（ELIXIR），开展了欧洲气象卫星计划（METEOSAT）、地球观测计划（Copernicus）等基于大数据的科研项目，另外还启动了开放科学云平台项目（Open Science Cloud Project）建设，旨在建立一个跨学科和跨国家的科学数据存储和共享平台，支持各种多学科和多领域的数据研究和科研合作。欧洲国家也十分重视数据密集型科学范式的相关政策法规制定，如2018年7月，法国颁布《国家开放科学计划》，明确要打造开放科学生态体系，实现100%无障碍、无延迟、无收费的开放获取目标，2021年7月又出台《法国第二部开放科学计划》，通过4条路径12项举措让开放科学成为一种普遍的实践做法，其他如荷兰、英国等国也制定了相关政策法规，使欧洲国家在数据密集型科学方面成为全球引领者。

三、日本数据密集型科学发展

近30年来，日本一直面临着科技创新水平不断下滑的难题，为此日本将数字化作为重振日本科创能力的利器，大力推动数据密集型科学的发展。2019 年，日本文部科学省发布的《面向知识密集型价值创造实现社会 5.0 以引领世界的科技创新政策研究中期报告》指出 ①，随着数字革命和全球化进程的发展，世界迎来了走向知识密集型社会的变革期。为适应社会体系范式转变，日本要先于世界各国实现社会 5.0，为此，需早日构建新的知识密集型价值创造体系，致力于实现先进科学技术与社会包容并存的社会 ②。为此，日本启动了 K 计划（旨在通过超级计算和数据科学技术提高科学研究的速度和效率）、超级计算机"富岳"项目（旨在建立一台超级计算机，为材料科学、生命科学、天文学等领域的数据处理和计算提供强大的支持），建设全球型地震波形数据中心（Fnet），旨在利用各种传感器网络和数据处理技术准确地定位全球地震数据，加速地震监测和预警。

第三节　上海数据密集型科学发展进程

近年来，随着开放科学、数据科学运动在全球的兴起，科学大数据的收集与应用成为科学研究的关键成果和重要的战略性资源。我国也十分重视推动科技创新与大数据的深度融合，积极发展数据密集型科学。2018 年，国务院办公厅发布《科学数据管理办法》，提出加强科学数据全生命周期管理，推进科学数据资源开放共享，加强知识产权保护。上

① https：//www.worldip.cn/index.php?m=content&c=index&a=show&catid=64&id=1113.
② http：//www.mext.go.jp/b_menu/shingi/gijyutu/gijyutu22/houkoku/1422095.htm.

海根据国家要求，积极推进科学数据的创新应用，加强科学数据的管理，有力促进了数据密集型科学新模式的发展。

一、建立科技大数据相关制度规章

2021 年上海市政府发布的《上海市建设具有全球影响力的科技创新中心"十四五"规划》中明确提出，强化科研基础条件支撑力量，完善基础科研软件和科学数据库，推进建设科学数据中心（库），加快大数据背景下的科学数据开放共享，成为科学数据资源汇集高地。

2020 年 10 月，上海市科委发布《上海科技创新资源数据中心三年行动计划（2021—2023）》，提出用 3 年时间深化科技创新资源数据服务，探索科学数据管理体系建设模式，探索共建共赢的科学数据应用模式，优化科学数据服务生态[1]。

2020 年 12 月，上海市科委发布《上海市科学数据管理实施细则（试行）》并公开征求意见，该细则中明确了上海市科学数据管理的总体原则、管理职责、科学数据中心建设、科学数据的汇交、开放共享、保密与安全等方面的内容[2]。

2021 年 6 月，上海科技创新资源数据中心、上海市研发公共服务平台管理中心在"浦江创新论坛·新兴技术论坛"上联合发起《上海科学数据共享倡议书》，致力于打破科研领域的数据壁垒，推动科学数据

---

[1]　https：//www.shkp.org.cn/articles/2021/6/it22216462.html.

[2]　https：//sghexport.shobserver.com/html/baijiahao/2021/01/04/328545.html.

的开放共享①。

二、打造科创大数据平台

上海各科研机构还建设了多个专业性科学数据库，典型案例包括上海科技创新资源数据中心、慧源上海教育科研数据共享平台和国际脑科学全维度脑库。

第一，上海科技创新资源数据中心。上海科技创新资源数据中心成立于 2018 年，通过大数据、云计算、互联网＋等技术手段，整合集成科技人才、仪器设施、检验检测、科技文献、专利成果、科学数据等科技资源和服务大数据，在采集、汇聚全市科技资源和服务大数据的基础上，实现科技数据的加工、存储、挖掘、分析、共享和服务。

第二，慧源上海教育科研数据共享平台。依托上海教育信息化的"一网三中心"基础设施，在制定统一元数据著录规范、平台接口规范、数据交换与共享管理服务运行机制的基础上，平台已经汇聚大量来自政府、高校、研究机构、企业和互联网上相关的优质教育数据资源，为更多的师生提供数据服务。参加共享的资源类型包括科学数据、电子教参、古籍、古籍书目、国际时装图片、酒店信息、解放前报刊、景区信息、教师教育文献、民国期刊、民国图书、期刊论文、图书、学位论文、学者库、影视资源等。

第三，国际脑科学全维度脑库（张江国际脑库，ZIB），即复旦大学

---

① https：//sghexport.shobserver.com/html/baijiahao/2021/06/02/450439.html.

类脑智能科学与技术研究院下设的生物医学大数据中心,是上海市脑与类脑市级重大专项支持建设的重要基础设施平台。按照"三库(干库、湿库、算法库)融合,多源共享"的建设思路和"全维度、多模态、跨时空"的数据获取模式,干库和算法库由研究院联合多家国内外医疗和科研机构共同建设,湿库由华山医院西院投入建设。同时与全球主流生物数据库建立合作共享机制,致力于建成全球最大规模的全维度脑数据库和算法中心之一。

三、上海数据密集型科学发展中的瓶颈

目前,上海数据密集型科学的发展还受到以下几方面瓶颈的制约,这些瓶颈影响了大数据在科技创新中的应用效果。

一是数据共享和互操作性。科研数据来自不同的机构和领域,存在着数据格式、结构和标准的差异,导致数据共享和互操作性的困难。缺乏统一的数据共享平台和标准化的数据管理机制限制了科研数据的有效利用和跨领域合作。

二是数据质量和完整性。科研数据的质量和完整性对于研究的可靠性和可重复性至关重要。然而,一些科研数据存在质量问题,包括数据缺失、不准确性和不一致性。缺乏数据质量管理和验证机制可能影响科研结果的可信度。

三是数据存储和处理能力。科研数据的规模庞大,对于存储和处理能力提出了挑战。由于数据量大、复杂性高和增长速度快,需要建设高效的数据存储和处理基础设施,包括大规模数据中心和高性能计算资源。

四是数据治理和管理机制。科研数据的管理需要建立完善的数据治理和管理机制，包括数据归档、元数据管理、数据访问控制和数据生命周期管理等。缺乏统一的数据管理标准和规范，可能导致数据的混乱、重复和低效管理。

五是全球科技数据汇聚。我国在跨境数据流动规制方面顶层设计不足，国外跨境数据流动监管造成的壁垒在一定程度上延缓了科技创新发展进程。

第四节　国际数据港和科创中心的融合方向

根据上述分析，我们认为，未来上海应当从数据共享应用、数据跨境流动、建立数据市场等角度，进一步丰富科技大数据内容，促进科技大数据共享，优化科技大数据服务，加快大数据与科技创新的融合。

一、加快科创数据共享利用

一是统筹科技数据库建设。推动各类科技创新机构及科研人员挖掘自身的科技数据，形成有效的科技大数据共享与交流机制，实现科创大数据的汇聚与开发。

二是鼓励科技数据产学研协同发展，支持科研院所、数字科技企业、大数据企业等开展科技数据的产学研协同合作，鼓励创新主体对科技数据进行分析挖掘，形成有价值、可推广、可交易的科技数据产品，激活海量科创数据资源，加快科技创新步伐。

三是培育科技数据服务中介机构，引导互联网数据服务企业参与科技数据交易，提高科技数据服务的专业化、品牌化、智能化。

二、推动科创数据跨境流动

一方面，吸引全球优质科技数据资源向上海汇聚。通过建立全球性的科学数据中心，借助科学数据出版、权威期刊联盟等渠道，在数理、化学、天文与空间、地球科学、环境、生物学、医药、公共卫生、信息、材料、制造、工程、能源、海洋、综合交叉等上海重点发展的科学技术领域，有效汇聚全球科学数据资源，将上海打造成为国际化科学数据资源中心、科创数据产品研发中心和科创数据服务中心。

另一方面，允许科技数据合法向境外流动。在遵守《科学数据管理办法》《数据安全法》《个人信息保护法》等法规和相关科技数据管理制度的前提下，允许我国科研机构和人员在科技研发过程中生成的数据合法合规地流向境外，为促进全球科技创新贡献中国的力量，提升上海在全球科技创新体系中的软实力。

三、建立科创数据要素市场

一是建立科学数据交易平台，科技主管部门、科研机构等应加强与各地数据交易场所对接，推动数据交易场所设立科创数据板块；构建科学数据交易专用设施，如科学数据沙箱、隐私计算平台、科学数据区块链等。推动长三角区域和全国科学数据市场联动机制，实现科创数据的"一地挂牌、多地交易"。

二是培养科技数据消费习惯，通过科技数据交易典型示范引导，逐步养成科技企业、研究人员科技数据市场消费习惯。借鉴科技创新券、积分等交易工具，多方面鼓励科技企业和人员参与科技数据市场化尝试，实现从内部证券虚拟交易到外部货币真实交易的平稳过渡。

三是制定相关配套措施。制定科学数据要素市场促进办法、发展规划以及科学数据确权规则、数据质量评估导则、数据交易定价指南等实施细则；制定相关配套措施，如将科学数据纳入科研机构的数据资产范围，允许公共资金资助的科研项目列支数据购买费用等；制定相关标准规范，如分类目录、元数据、样本数据、数据质量标准等。

四是完善科技数据市场生态。培育数据市场供方，引导科研机构、研发型企业加强自有科学数据资源的梳理，积极参与数据市场交易；培育数据市场需方，鼓励科研机构和科研人员从数据市场获得所需要的科学数据，替代自行采集或创造科学数据的传统模式；培育数据交易第三方服务机构，如从事科学数据集成、数据经纪、合规认证、安全审计、资产评估、风险评估等服务的机构。

第十章

国际数据港与"五个中心"融合发展对策

2018年4月20日至21日，习近平总书记在全国网络安全和信息化工作会议上强调："要推动互联网、大数据、人工智能和实体经济深度融合，加快制造业、农业、服务业数字化、网络化、智能化。"① 综合上述各章的分析，上海国际数据港建设已具备十分良好的基础，但也面临着全球各中心城市的激烈竞争和诸多内部体制机制制约。推动与"五个中心"的深度融合，是上海推动国际数据港建设走向深入、提升国际竞争力的必由之路。未来上海需要大力推动国际数据港建设与"五个中心"系统对接，特别是要统筹场景牵引、产业发展与市场主体活力，促进数据境内境外流通、设施高效联通、场景高水平融通。为此，本书提出了"一二三四五"的发展对策，即"一个目标、二项任务、三个支撑、四大平台、五项保障"，如图10-1所示。

第一节 数据港与"五个中心"融合发展的目标

上海促进国际数据港与"五个中心"融合发展的目标是，通过

---

① 《习近平出席全国网络安全和信息化工作会议并发表重要讲话》，中国政府网，https://www.gov.cn/xinwen/2018-04/21/content_5284783.htm，2018年4月21日。

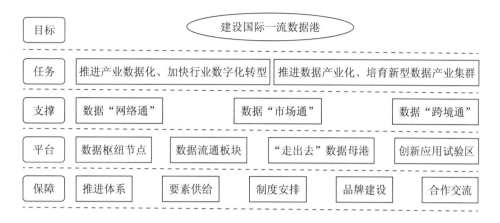

图 10-1 国际数据港与"五个中心"融合发展对策

"港""城"融合一体化发展,建设全球网络新枢纽、培育数据要素新市开发数据应用新场景、健全数据治理新体系,打造国际一流数据港。近期目标是,上海的国际网络枢纽地位、数据要素配置功能、数据产业发展水平、城市数据治理能力显著提升,成为亚太地区领先的数据港。远期目标是,建成数字网络高度通畅、数据流通高度活跃、数据资源高度集聚、数字产业高度繁荣、数字治理高度完善的国际一流数据港。具体目标包括以下四点。

第一,打造国际网络链接的枢纽高地。云计算能力达到国际先进水平,骨干网和城域网出口带宽、"双千兆"网络、5G 网络覆盖和共建共享以及智能调度能力大幅提升,成为全球信息通信和数据流通枢纽。

第二,打造全球数据要素的配置高地。形成健全的数据流通体系和成熟的数据要素市场,成为国内主要的跨境数据流动渠道和数据要素交易场所,成为国际数据导入的核心枢纽。

第三,打造数实深度融合的产业高地。"五个中心"相关行业确立

"产业+数据"的融合发展模式，形成创新型场景发现机制、价值化数据应用机制，形成基于大数据的新型制造业、金融业、航运业、商贸业和科技行业。

第四，打造高效数据治理的示范高地。形成体系完善、国际兼容的法规标准和体制机制，高端制造、金融、航运、商贸、医疗等行业与美国、欧盟、日本及"一带一路"主要国家之间建立通畅、高效、安全的数据跨境流通机制。

第二节　数据港与"五个中心"融合发展的主要任务

一方面，大数据将全面赋能"五个中心"建设，将数据技术、数据资源深度融入上海的经济价值创造体系，加快经济、金融、贸易、航运、科技创新中心的数字化，深化"五个中心"发展。另一方面，上海"五个中心"已基本建成，通过数字化与各行业深度融合，有利于将上海全球"五个中心"地位转化为数字化的全球竞争力，实现"五个中心"赋能国际数据港建设。其逻辑如图 10-2 所示。

一、推进产业数据化，加快行业数字化转型

以应用场景为驱动，打造行业数据枢纽节点，推动数据赋能百业，强化数据的全要素、全链条（全产业链+全价值链）、全领域渗透，推进制造增效、金融增值、航运增级、商贸增能、科创增智，实现"点"（应用场景）、"链"（行业链条）、"圈"（产业生态）的全方位转型。

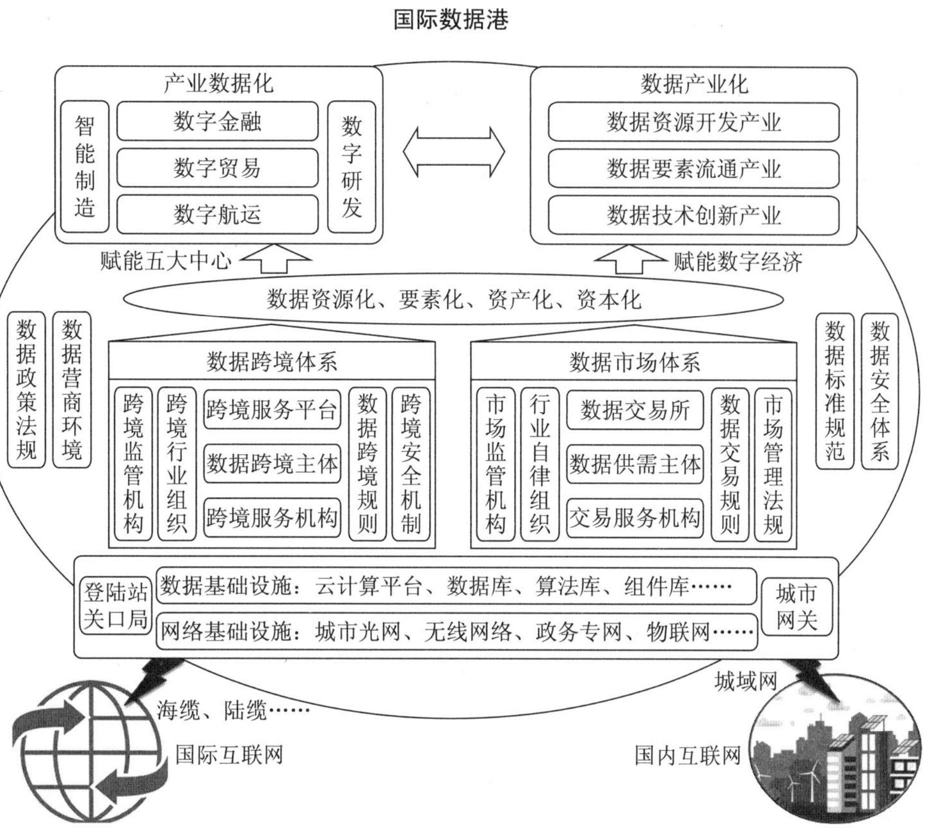

国际数据港

产业数据化

智能制造

数字金融

数字贸易

数字航运

数字研发

数据产业化

数据资源开发产业

数据要素流通产业

数据技术创新产业

赋能五大中心 ⟵ 数据资源化、要素化、资产化、资本化 ⟶ 赋能数字经济

数据政策法规

数据营商环境

数据跨境体系

跨境监管机构

跨境行业组织

跨境服务平台

数据跨境主体

跨境服务机构

数据跨境规则

跨境安全机制

数据市场体系

市场监管机构

行业自律组织

数据交易所

数据供需主体

交易服务机构

数据交易规则

市场管理法规

数据标准规范

数据安全体系

登陆站关口局

数据基础设施：云计算平台、数据库、算法库、组件库⋯⋯

网络基础设施：城市光网、无线网络、政务专网、物联网⋯⋯

城市网关

海缆、陆缆⋯⋯

国际互联网

城域网

国内互联网

图 10-2 国际数据港与"五个中心"的融合逻辑

第一，"数据＋制造"新模式。推进企业数字化转型，以数据集成融合为牵引，建设数字孪生企业，发展无人工厂模式，打造数字化车间（生产线），全面推进重点行业和骨干企业的数字化、网络化、智能化升级；推进产业链和供应链数字化，打通数据"断头路"，促进基于工业互联网的"双链"数据融通，加强上下游业务协作，实现"联合补链"和"众创补链"；推进工业大数据平台建设，支持龙头企业、工业互联网服务商、产业园区等打造行业和区域性工业大数据平台，增强大数据、智能图谱和智能算法服务能力。

第二,"数据+金融"新业态。推进普惠金融工程,增加和优化公共数据供给,加强公共数据和社会数据融合,扩大应用试点范围;加强金融数据应用,利用金融科技和数据智能,发展基于大数据的金融和风控模型、移动金融服务、开放银行模式、金融监管体系;加快数字人民币试点,推动对日用零售、餐饮消费、生活服务等试点商户的支付结算系统改造,创造多领域的数字人民币支付场景体验。

第三,"数据+航运"新蓝海。推进航运物流数字化转型,加快智能仓储、无人仓、无人车、无人机、智能运输船舶等应用,积极发展共享云仓、城市末端共同配送、无接触配送等智慧物流业态;建设智能海(空)港,推进自动驾驶船舶、自动化码头和堆场、自动驾驶车队发展,建设智能化航道监测体系和"数字孪生机场";推动航运数据区域化和全球化共享,强化长三角港航物流联动信息共享,打造集装箱江海联运公共信息服务平台,筹建全球航运商业网(GSBN),增进全球航运数据连通。

第四,"数据+商贸"新窗口。推进实体商业企业数字化转型,推动老字号企业、重点商业企业门店、供应链的数字化、网络化和智能化改造,创新商业服务模式;推进电子商务纵深变革,加快发展智能零售、直播电商、社交电商、内容电商等新业态发展,增强数字技术和数据资源在商业场景中的深度渗透;推进数字商贸品牌打造,创建一批线上线下联动购物节庆活动平台、数字商业示范区和数字生活秀带。

第五,"数据+科创"新范式。打造科学计算应用高地,聚焦生命科学、物质材料（纳米）科学、能源等领域，建设基于高性能计算的算法模型试验场和计算孵化中心；建成高质量科研数据集，构造科研数据知识图谱，促进重点领域的科学大数据的规模汇聚和分享，带动高端科研人员的全球协同；构建数据驱动科研范式，建设科研数据分析处理平台、科研资源共享平台、科创在线协同平台、开放式在线创新社区，深化大数据在科研各环节中的深度应用。

二、推进数据产业化，培育新型数据产业集群

在现有大数据产业基础上，以国际数据港建设为契机，围绕数据跨境流动、数据要素市场建设和上海经济转型升级，培育上海大数据产业的新增长点。

面向数据跨境流动，发展国际数据产业。围绕数据资源跨境流出，汇聚一批从事国内外传输、存储、安全、产品化等业务的数据企业，以及相关的金融、专业咨询、中介、评估等服务企业，发展数据跨境服务业；围绕国际数据资源导入，依托数据跨境流动渠道和国际数据交易平台，建立境外数据安全评估体系，加强境外优质数据资源的引进、清洗、流通和加工，促进国内国际数据的融合利用。

面向数据要素流通，发展数据交易服务。依托上海数据交易所，重点推进数据质量、数据资产、数据合规性评估以及交易中介、交易代理、数据经纪、数据交付、专业咨询、知识产权等新型业态发展，形成数据流通服务产业，为上海建设全球现代服务业高地注入持续动力。

面向数据行业应用，发展专业数据服务。以"五大中心"建设为依托，推动大数据与实体经济重点行业的深度融合，推动行业数据业务创新，培育工业、金融、贸易、航运以及科技采集、存储、加工、应用、流通等业务；支持专业性数据企业发展，培育若干行业数据应用领域的隐形冠军、行业小巨人、独角兽企业。

面向数字信任体系，加快数据技术创新。推动区域链技术研发，加快推动区块链与电子认证技术的融合发展及生物特征识别在数字身份领域的应用；推动新型加密技术研发，加快密码法算法、商业密码应用的技术攻关，密切关注量子计算、量子加密的技术演进动态；推动隐私计算技术研发，打造基于联邦学习、多方安全计算、可信计算等安全技术的分布式计算平台。

第三节 数据港与"五个中心"融合发展的三个支撑

数据是数字化发展的核心资源，也是国际数据港建设的关键所在。上海建设国际数据港必须有量大质优的数据资源作为支撑。数据的流动与汇聚，关键在制度。上海要加快制度创新，以数字底座建设为抓手构造高速安全的数据通道，以数据市场建设为抓手促进国内数据资源汇聚，以数据跨境流动为抓手加速全球数据汇聚。

一、数据"网络通"

针对国际数据港建设中高速通畅、安全可信数据流动设施能级不足的短板，上海要加快城市数字底座提升，完善行业数字平台，强化数字信任体系建设，打造以数字信任为核心的新型数字基础设施。

加快新型网络建设。积极布局星联网、量子通信、IPv6 等新型网络的研发与应用，扩宽大城市网络通道；以精品 5G 网络、千兆城市宽带、新型城域物联网等为重点，提升新型数字基础设施水平，打造普遍接入、普遍感知、普遍服务能力。

提升算力基础设施。以"E 级超算"高性能计算设施、存算一体的专业数据中心、边缘计算资源池等为重点，提升计算集群能级；推进新一代人工智能开放创新平台建设，搭建人工智能开源框架、公共计算、数据开放平台；完善区块链技术架构，支持底层平台建设部署，构建区块链开放生态。

完善行业数字平台。针对智能制造、无人驾驶、电子商务、智慧医疗、智慧金融以及数字政府、数字治理等重点行业的领域，加快行业性云计算、物联感知、专用网络、数据中心等设施部署，形成融合型智能基础设施体系。

构建数字信任体系。推进区块链、隐私计算等数字信任前沿技术的创新开发与应用推广，加快数字信任技术标准制定和产品认证，建设全市统一的数字信任平台，打造集成式数字信任支撑服务，构建网络空间和数据平台上人与人、人与机器、机器与机器的信任关系。

二、数据"市场通"

中共中央、国务院于 2022 年 12 月 2 日发布《关于构建数据基础制度更好发挥数据要素作用的意见》，其中对数据产权确权、数据流通交易等作出一系列战略部署，为数据要素市场发展注入强大动能。上海要抓住这一重要机遇,以建设国家级数据交易所为抓手,率先打造完善的数据要素市场体系。积极培育新型数据供需、流通、服务主体,构建交易规则透明、流通对象丰富、主体生态繁荣、制度保障有力的数据交易体系,不断深化数据资源市场化配置、资产化管理、场景化开放、便利化流通的新格局,推动上海成为具有全国以至全球影响力的数据要素配置中心和交易服务中心。

(一)培育数据市场主体

发展数据要素市场,首先要大力培育各类市场主体,形成市场主体丰富而且多元的市场生态。

推动数据供需主体入场。一是加强国有企业引领,结合上海国资国企改革发展工作和国有企业数字化转型,推动行业代表性国企委托代理人或自行进场开展数据交易;二是加强中小企业引导,推动携程、美团、拼多多为代表的互联网数据进场挂牌一批高质量行业数据集,推进有数据需求和数据创新意愿的中小企业入场采购数据;三是落实公共数据授权经营,通过推动公共数据更广范围开放,鼓励授权经营机构进行实质性加工和创造性劳动,创新衍生数据产品和服务,进一步扩大社会数据供给。

培育数据交易数商机构。一是支持数据交易第三方服务机构有序发展,为数据交易提供数据质量、数据资产、数据合规性等评估服务,以及交易撮合、交易代理、数据经纪、数据交付、数据审计、专业咨询等专业服务;二是健全第三方机构培育和监管制度,制定数据交易第三方服务机构培育导则，健全鼓励第三方服务机构发展的激励政策和机制；制定数据交易第三方服务机构管理办法，建立针对服务机构及从业人员的从业资格审查、日常业务监管、数据安全监管、年度审计等制度。

（二）丰富数据交易对象

同时上海也要加快探索多层次数据交易对象，形成"原始数据集＋数据产品＋数据服务形态"的数据交易体系。

促进原始数据集入市，鼓励各类企业和机构在保障数据安全和国家安全的前提下，将自身采集、创造或生产经营过程中沉淀的具有较大商业价值、符合数据交易规定的原始数据集投放数据市场。

促进数据产品加工，鼓励各类企业和机构对合法获取的原始数据集进行实质性加工和创造性劳动，形成更有价值的数据产品并入市交易。

促进数据服务提供，鼓励各类企业和机构将数据资源与专业知识相结合，并利用网络平台和 API 接口对外提供形式多样的数据服务和知识服务。

（三）健全数据市场规则

成熟的市场规则是数据要素市场持续健康发展的保障。上海要从交易制度、交易标准等方面，尽快建立公平公正透明的市场运作规则。

健全数据交易制度。以"激发市场活力"为目标，构建覆盖数据交易全生命周期的规则体系，包括主体准入（数据供方、数据需方、第三方服务机构）、数据确权（数据资源持有权、数据加工使用权、数据产品经营权）、数据合规性审查、数据交易（登记、挂牌、交易、交付和清算等），以及交易信息公示、交易备案统计、交易纠纷处置等，并通过"政府监管＋行业监督＋企业自律"的方式，保障数据交易平稳、有序、高效运作。

完善数据交易标准。重点包括：数据质量分级分类标准，从数据完整性、一致性、准确性、及时性、规范性、唯一性等特征，构建数据质量分级分类评估指标；数据资产价值评估标准，从数据的稀缺性、实时性、完整性、时间跨度以及数据生成成本、实质性加工程度、创造性劳动投入量、潜在应用价值等角度构建评估指标；制定数据产品及服务的财产性权益认定标准，明确数据资源的权益主体以及权益类型的辨别和确定机制；数据交易定价标准，形成以数据资产价值为参照、结合数据使用目的、范围、时限以及双方意愿的交易价格生成机制；数据流通合规性评估标准，从数据的内部特征（数据的获取和处理是否合规，数据加工处理深度等）和外部影响（数据是否包含个人隐私、商业机密或国家秘密，数据交易是否侵犯他人权益或影响国家安全等）明确可流通数据的基本要求。

（四）加快数据共享开放

在保障安全的前提下，推动政府、企业以及个人数据的开放共享，能够大大丰富社会数据资源的规模与种类，为数据市场发展提供更充裕的原材料。

加快公共数据开放，尤其是以推动公共数据授权运营为契机，加快高商业价值的公共数据向社会开放，推动公共数据资源开发利用。

加快企业数据开放，以港口、机场、轨交、金融等行业的国有企业为示范，带动互联网、平台企业等类型企业，促进大型企业数据向中小企业开放共享。

探索个人信息数据的开发利用，在确保个人信息安全和个人隐私保护的前提下，通过个人数据空间、个人数据银行等模式，利用隐私计算等技术，促进个人信息数据的开发利用。

三、数据"跨境通"

上海要以建设全国跨境数据流动枢纽为目标，打造数据跨境试验场，重点构筑数据跨境基础设施支撑，扩大跨境流通试点范围，完善相关标准规范及监管体系，深化电信产业有序开放，全面推进"信息飞鱼"项目建设，探索成为服务上海、全国以至全球的数据自由港。

（一）优化跨境数据流通基础设施

一是提升国际网络枢纽地位。持续提升已建海光缆容量，协调推进新建直达东亚和东南亚的海光缆系统在上海落地，建设完善辐射亚太、通达全球的国际数据传输通道和网络体系。推动北斗通导一体化应用，围绕 5G、F5G、IDC、海光缆、卫星地球站等，建设新型基础设施动态感知监测体系。

二是建设国际互联网专用通道。面向服务外向型园区、企业，建设开通从园区直达国际出口局的数据专用通道，改善国际网站访问、跨国视频会议、大文件传输等应用场景下的用户体验，助力上海国际金融服务、跨境电子商务、软件与信息服务外包、跨境物流、国际文化交流、国际总部办公等外向型产业的聚集发展。

三是建设新型互联网交换中心。启动国家新型互联网交换中心建设，扩容亚太互联网交换中心（APIX），将运营商、大型互联网企业、ISP 企业、大型云计算中心、物联网、工业互联网等多主体接入交换中心，实现"一点接入、多点互通"的高效流量交换。

四是加快布局海洋数字新基建。探索布局海洋超级计算、AI 海洋、海洋智能物联网等，实现"冷"数据下沉存储，"热"数据经过云计算（应用超算）进行清洗、脱敏、加工、计算，以供政府、科研、企业等各取所需。前瞻性布局"绿色、节能、环保"的海底数据中心（海底IDC）、海洋科技产业与数据中心协同创新中心，破解数据中心建设中的能耗难题。

（二）完善数据跨境流动管理规则

一是制定跨境数据流通标准规范。针对数据跨境需求较大的智能网络汽车、金融、智能制造等行业，实行"一业一策"，针对具体行业建立数据分级分类管理制度，制订自由流动、受控流动、禁止流动等清单。

二是推动跨境流动规则入法立标。争取国家网信办、商务部等部委支持，加快细化的法规和标准制定和实施，提升跨境数据流通规则的合法性、权威性、持续性，同时增强跨境数据流通审批的透明度，实现跨境数据流动的规范化和便利化。

三是建立公共服务平台和运营主体。公共服务平台面向政府提供全流程监管功能，面向企业提供全方位流通服务。运营主体以国资为主，吸引社会其他资本加入，负责平台运营。

（三）推进电信业务开放试点工作

扩大信息服务业对外开放。一是落实互联网数据中心（IDC）、内容分发网络（CDN）、互联网接入服务（ISP）、在线数据处理与交易处理、信息服务（信息发布平台和递送）等业务等5项增值电信业务试点对外资100%开放。二是探索进一步开放云计算相关业务、移动转售（即移动虚拟网络运营商业务）和宽带接入业务。三是逐步放宽国际信息访问限制，先行放开所有学术科研网站的访问限制，条件成熟时在特殊监管区域允许国内基础电信服务商为符合条件的外资企业提供直接的国际信息访问服务。

健全电信业开放监管及法制体系。一是针对进一步试点开放中可能遇到的产业安全、政策制度、网络数据安全等风险进行梳理和分析，提出应对措施。二是提高政策法规的可操作性，加快出台电信业务开放后相关政策细则或指南。三是建立审后监管机制，对外商投资额较高或云计算等涉及数据处理的重要业务的投资项目进行事后监管，如危及国家安全应立即禁止相关业务运营。

第四节 数据港与"五个中心"融合发展的四大平台

国际数据港与"五个中心"的融合发展，还需要多种数据创新平台的支撑，以推动数据资源的全方位汇聚、全过程流通、全球化流动和全局性应用。

一、行业性数据枢纽节点

上海要围绕自身优势产业和重点方向，建立若干个行业性数据节点，促进数据要素与行业的深度融合，支撑上海国际数据港发展。

（一）建立行业数据图谱

一是推动打造行业数据地图，整合行业主管部门、行业协会、数据交易所等力量，开展上海各主要行业和重点企业集团的数据排摸和评估，建立行业数据图谱和集团数据清单。二是推动打造数据要素地图，加强数据交易所与各区信息化、国资和行业主管部门的对接，结合各区和园区的产业发展和数字化转型重点领域，开展区域数据排摸和评估，建立区域性可交易数据资源目录。

（二）打造行业数据节点

面向汽车、电子信息、重大装备、新材料、能源等领域，打造贯穿供应链的工业大数据平台和个高质量工业大数据集，打造工业数据节点；依托上海海量金融数据优势，实施大数据普惠金融 2.0 工程，打造金融数据节点；建设航运数据中心体系，建立集装箱江海联运公共信息服务平台，筹建全球航运商业网络（GSBN），打造航运数据节点；建设口岸综合性大数据和跨境贸易管理大数据平台，加强商业、贸易、会展数据采集、共享和开发，打造商贸数据节点；建设科研高质量数据集和知识图谱，促进重点领域科学大数据的规模汇聚和分享，构建全球科创人才数据库，打造科创数据节点。

（三）打造区域数据节点

鼓励上海各区和园区聚焦产业优势和发展重点，建立具有特色的区域数据节点。支持浦东围绕集成电路、大飞机、生物医药、网联汽车、智能制造等行业，建设全球大数据中心；支持青浦围绕政务服务、产业链供应链、绿色发展、科技创新等领域，打造长三角大数据平台；支持静安依托市北高新大数据产业园，继续深化国家新型工业化基地建设；支持嘉定以新能源汽车数据中心、国际汽车城为基础，推进交通大数据产业发展；支持临港利用海光缆登陆点以及数据跨境优势，引进国外数据头部企业，发展国际大数据产业。

（四）促进数据节点联动

促进上海国际数据港枢纽节点与全国一体化大数据中心国家枢纽节点的对接，推动推动相互之间的高速网络联接、算力资源调度、数据流通融合和安全保障协作；促进上海数据枢纽节点与长三角、长江经济带及国内其他地区数据节点之间的互动，探索多地区数据流通与融合。

（五）促进数据联合创新

深入推进大数据联合创新实验室建设，促进数据资源与应用场景的深度对接，构建"产、学、研、用"一体化的大数据创新生态，引导大数据产业链上下游主体形成针对大数据行业应用的整体性解决方案，形成数据要素配置—治理—开发利用—流程服务，促进上海大数据产业和应用高质量发展。

二、多层次数据流通板块

数据要素市场除建立"主板"之外，还应当结合数据流通交易的主要行业和领域，建立多层次流通板块，以丰富数据交易品种，扩大数据流通范围，吸引市场主体参与。

（一）建立公共数据开放板块

建议在上海公开数据开放平台中，根据"五个中心"相关行业的数据需求，建立"五个中心"数据开放板块，汇聚公共管理和服务部门掌握的工业、金融、航运、贸易、科创等行业的可开放公共数据。在公共数据授权运营平台中，也应当将"五个中心"相关公共数据作为优先开展授权运营的范围。

（二）建立行业性数据交易板块

建议在上海数据交易所之下按"五个中心"设立多个行业交易中心，各个交易中心既要遵循数交所的基本规则和统一管理，同时也可根据不同的数据特性制定单独的定价、交易和交付模式，并能够针对自己运营的板块有独家运营权，初期建议成立公共衍生数据、金融数据、交通物流数据、医疗健康数据等交易中心。

（三）建立跨境数据流动板块

上海在推进跨境数据流动中，建议优先根据"五个中心"建设对数据跨境流动的需求，探索制定工业、金融、航运、贸易、科创的行业性数据跨境流动规则，由目前的个案审查变为行业通用规则。同时针对五大行业，在数据跨境流动公共平台中开设相应通道，建立针对具体行业的数据合规评估服务体系和监管体系，服务于五大行业中的企业和机构的数据跨境流动需求。

三、企业"走出去"数据母港

针对大量中国企业走向海外过程中存在的数据云计算、云存储、云备份等需求，将离岸数据区作为这些企业的数据母港，在遵守所在国法规的基础上，将海外运营数据存储或备份在离岸区的数据中心，既有利于保障"走出去"企业的数据安全，也避免了"走出去"企业数据直接存储在国内可能引发国外政府和社会的疑虑。

借助上海的国际海光缆资源，在临港地区设置专门的离岸数据产业区，作为国际数据加工存储的产业集聚地。在网络拓扑上，离岸数据产业区位于国际海缆登陆站与国际网络关口局之间，离岸区通过国际海缆直通海外进行数据传输和交换，但其数据要进入国内，仍必须经过国际关口局，形成"境内关外"的数据特区，如图 10-3 所示。

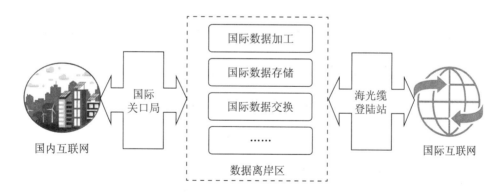

图 10-3　数据离岸区的网络逻辑示意图

打造"境内关外"数据试验区。健全离岸区数据框架，建立与国内严格物理隔离措施的服务场所和通道，允许经过批准在离岸区内从事离岸数据业务的企业和机构，在特定区域内利用相应的机房设施，通过国际互联网专用通道进行数据自由流动。

通畅境内外数据流动，经过批准在离岸区内从事离岸数据业务的企业和机构，对其在境外获取的数据以及加工创造形成的数据，在保障国家安全的前提下，在离岸区与境外之间来去自由。

探索特殊法律监管体系。争取国家和上海相关部门支持，在离岸数据区实行特殊法律监管，对《网络安全法》《电信条例》《电信业务经营许可管理办法》《外商投资准入特别管理措施（负面清单）（2019年版）》等不适应离岸数据业务的法规，离岸区内可在保障国家安全的前提下不完全执行。

四、数据创新应用试验区

以上海重点大数据产业基地为引领，加强大数据与各行业的深度融合与创新应用，带动全市数实融合发展。

临港。临港定位于上海国际数据港核心区，以跨境数据流通带动对外产业合作，通过推动数据的跨境高效流动，打造"跨境数据监管关口"，引进大数据、人工智能、工业互联网等产业，打造以跨境工业互联网、智能制造、新能源汽车、金融贸易创新、跨境信息消费、信息安全等为特色的国际数字产业集群。

虹桥。虹桥定位于数字贸易国际枢纽港核心区，以对外产业合作引领数据跨境流通，通过建设国际互联网数据专用通道、数据枢纽平台，打造长三角全球数字贸易高地，建设数字贸易跨境服务集聚区以及大数据产业集聚区，打造要素有序流动、功能完善、总部集聚的数字贸易国际枢纽港。

市北。以市北高新大数据产业园、杨浦大数据产业创新基地为主要集聚区，推动市、区、园区三级联动，产业政策与社会资本联动，以"基地＋基金""引进＋培育"推动大数据产业集聚和品牌打造，形成龙头企业、独角兽、千里马的产业梯度主体，打造上海大数据产业的"内核腹地"。

其他。聚焦各区优势产业，激活各区创新活力，强化数据资源赋能作用，以区域＋行业的形式，形成一批具有特色的专业型大数据产业基地，包括张江（大数据＋金融服务）、徐汇（大数据＋人工智能）、松江（大数据＋工业制造）、嘉定（大数据＋智能汽车）等。

第五节 数据港与"五个中心"融合发展的五项保障

国际数据港与"五个中心"的融合发展，除需要上述软硬件设施和产业支撑之外，还需要体制机制改革和法规制度创新，打造有利于数实融合的发展环境。

一、建立多层次推进体系

针对国际数据港建设中的参与主体多、推进任务杂等问题，上海应当建立覆盖市区政府、企业园区和社会机构的多层次推进体系，强化协调配合，形成工作合力。

完善领导协调机制，建立上海市国际数据港建设工作领导小组，由分管市领导牵头，相关市级政府部门及浦东新区、自贸试验区、临港、虹桥管委会参与，推动形成职责明晰、协同推进的工作格局。

构建社会化推进体系，发挥大数据产业联盟、国际数据港产业合作共同体等机构的作用，促进数据资源与服务的供需对接、研发对接、产业对接，开展理论研究、开发培训课程、制定标准规范。

完善绩效评估考核制度，建立数据要素配置的统计指标体系和评估评价指南，科学评价各区、各部门、各领域的数据对经济社会发展的贡献度。建立政府部门、事业单位、国有企业的数据资产评估和价值转化工作考核体系。

二、加大高质量要素供给

针对当前大数据企业创新创业中存在的资金不足、空间有限、人才缺乏等瓶颈问题，上海应整合各方资源，创新体制机制，为数据产业发展提供更加丰富优质的多元要素供给。

加大财政金融资本支持。上海相关专项资金对国际数据港有关"核、高、基"数字技术攻关，以及大数据与先进制造业、现代服务业融合的重点项目给予倾斜；引导金融资本、产业资本和其他社会资本加大对数据港建设重点项目的投入；发挥上海金融中心优势，支持企业上市融资，支持优质数字经济企业进入"科创板"企业培育库，设立上海数字经济产业投资基金，由上海证券交易所、上海市经信委、上海市地方金融监督管理局等牵头建设"科创板数字产业工作站"，为企业提供上市指导和资本市场服务。

加强土地能耗供给保障。对纳入国际数据港建设的重点项目，优先保障其建设用地、能耗指标。重大数据企业所需工业用地的土地出让底价，在国家规定标准范围内可根据土地评估结果和产业政策综合确定，鼓励以长期租赁、弹性年期出让等多种方式供应土地；建立覆盖电能使用效率、有效算力效率、经济产出效率等在内的综合评价指标，优化能耗指标分配。

加快复合型人才培养。深化产教融合、产学结合，重点聚焦数字经济和重要行业领域的知识发现人才、语义网络人才、数据交易人才、数据资产评估人才引培，构建多层次、全方位的支持体系。引导和鼓励本市更多高校开设相关学院和研究院，加快人才培养力度；建立紧缺人才目录，把握当前海外人才回流红利，加快高端数字技术人才的引进，打造全球大数据人才聚集地；推动产教融合、学干融合和多学科融合，培养兼具数据知识和行业背景的高水平融合型人才；推进数据相关人才队伍建设，系统开展专业人才培养和评价，支持企业组织开展相关培训，并按照规定予以享受培训费补贴。

三、探索创新型制度安排

针对目前数据要素汇聚、流通、应用以及与各行业融合创新中存在的制度性障碍，上海应以落实中央关于支撑浦东发展的意见为契机，以浦东为试点，加快破解一批阻碍政策法规瓶颈，为促进数据港与"五个中心"深度融合提供良好制度性安排。

探索新型数据制度。通过设立数据权属登记机构、明确数据资产价值评估方法、建立数据资产会计核算制度，加快数据资产化进程；引导企业建立数据资产化管理和经营机制，加强数据资产的质量、安全、折旧管理，推动数据资产租赁、托管、入股、交易，促进数据价值充分释放；加快建立国有企业数据资产化制度，将数据资产纳入国有资产保值增值考核，以数据资产价值衡量企业数字化转型阶段性成效，推动国有企业数据开发利用。

探索新型产业制度。围绕"五个中心"相关行业，一是推动产业管制进一步放松，尤其是要允许金融、贸易、航运、科创等服务型行业进一步向数字行业开放，促进行业之间的相互进入与融合发展。二是减少对于相关行业数据流动的限制，特别是金融、航运、科学等行业，要在保障安全的基础上，允许这些行业与数字行业之间的相互进入，对于暂时无法取消的行业限制，要建立快速审核绿色通道，帮助相关企业能较快获得业务创新所需要的资质。

探索新型企业制度。加快推动"五个中心"相关行业龙头企业建立专职的大数据部门，加强企业数据资源的汇聚、整合、利用和资产管理；建立由首席数据官（CDO）、数据治理委员会、数据专员等构成的数据治理组织架构，推动机构数据安全强化、质量提升和价值转化。

四、加强数据港品牌建设

针对目前全国各地都在纷纷推进国际性数据中心、数据港、数据离岸区建设的形势，上海应当加强对国际数据港的理论研究和品牌建设，建立该领域的全球话语权。

深化"国际数据港"理论研究。跟踪国际数据港的国内外发展现状与趋势，带动产出一批智库研究成果，定期在重大国际性交流平台上发布权威性研究报告，保持上海在"国际数据港"上的影响力。定期组织由国际组织、产业联盟、知名企业等多层次沟通协作机制的专业会议和论坛，打造国际数据标准与规则研究合作平台。

加快"国际数据港"品牌打造。开展"上海国际数据港"的海外推介或路演等宣传活动，发布《上海国际数据港发展报告》《上海国际数据港海外行》等。尽快申请注册"上海国际数据港""东方数港""上海数都"等商标，并积极向国家工信部、网信办、商务部等部门申请，争取由国家部委向上海进行授牌。

加强"国际数据港"宣传推介。利用中国国际进口博览会、上海工业博览会、世界人工智能大会等重要国内外交流平台，以及国内外新闻媒体和专业网站，加强对上海国际数据港的宣传，提升知名度和影响力。积极和各国使领馆、海外数据港、数字贸易促进机构合作开拓海外宣传渠道，在海外重点市场开展企业推介、项目对接、合作意向签约等活动。

五、深化国内外合作交流

针对建设国际数据港对拓展区域发展腹地和打造全球流通网络的需求，上海应当以长三角一体化和"一带一路"倡议为突破口，推动上海与国内外各区域和各国家在数据资源和数字经济领域的合作交流。

深化长三角合作。抓住长三角高质量一体化的战略契机，加强上海国际数据港与长三角和长江经济带各地数据港、数据中心和数据企业的合作，促进区域性数据标准规范建立、跨区域数据共享、跨区域数据治理和跨区域数字认证，推进国家一体化大数据中心体系长三角国家枢纽节点建设。

推进国际化合作。贯彻落实国家"一带一路"倡议，积极参与我国与相关国家在数据经济和数字治理领域的对话交流，分层推进上海与国外数据港、数字园区的联系与合作，支持国内数据企业和机构以"上海国际数据港"为基地，扩展在周边国家、"一带一路"沿线国家以及世界各国的数据业务。

参考文献

白雪洁：《以数字经济助力现代化产业体系建设》，《人民论坛·学术前沿》2023 年第 5 期。

陈兰杰、侯鹏娟、王一诺、孙耀明：《我国数据要素市场建设的发展现状与发展趋势研究》，《信息资源管理学报》2022 年第 6 期。

陈堂、陈光：《数字化转型对产业融合发展的空间效应——基于省域空间面板数据》，《科技管理研究》2021 年第 4 期。

陈志成：《上海数字经济发展策略》，《科学发展》2020 年第 7 期。

丁波涛：《上海建设国际数据港：竞争态势、制约因素与对策建议》，《上海城市管理》2023 年第 2 期。

丁波涛：《新时代智慧社会建设研究》，上海：上海社会科学院出版社 2019 年版。

郭进：《上海推进产业数字化转型的思路与对策》，《科学发展》2022 年第 8 期。

郭明军、陈沁、安小米、王建冬、易成岐：《我国大数据发展指数构建及实践应用——从政务数据与社会数据融合的视角》，《大数据》

2022 年第 8 期。

洪银兴、任保平:《数字经济与实体经济深度融合的内涵和途径》,《中国工业经济》2023 年第 2 期。

IBM 商业价值研究院:《IBM 商业价值报告:平台经济:后疫情时代,获得更大生存空间》,北京:东方出版社 2020 年版。

[美]拉兹·海飞门:《数字跃迁:数字化变革的战略与战术》,习移山、张晓泉译,北京:机械工业出版社 2022 年版。

李忠海、刘永彪、后雨萌:《我国数字经济与实体经济融合发展的理论逻辑和关键路径——基于内生增长理论视角》,《金陵科技学院学报》(社会科学版)2022 年第 1 期。

李自伟:《加速国际数据港建设提振上海核心竞争力》,《上海信息化》2022 年第 10 期。

欧阳日辉:《数实融合的理论机理、典型事实与政策建议》,《改革与战略》2022 年第 5 期。

任保平、迟克涵:《数字经济支持我国实体经济高质量发展的机制与路径》,《上海商学院学报》2022 年第 1 期。

任柯颖、李吉友、赵昕蕾:《中国数字经济与实体经济深度融合发展路径研究》,《商业经济》2023 年第 3 期。

日本日立东大实验室:《社会 5.0》,沈丁心译,北京:机械工业出版社 2020 年版。

沈波:《上海全面推进城市数字化转型的总体思路与发展路径》,

《科学发展》2022 年第 9 期。

盛维、戴跃华、丁博汉、刘梓宇:《上海经济数字化转型在国际城市中的总体方位和提升方向》,《科学发展》2023 年第 2 期。

田杰棠、张春花:《数字经济与实体经济融合的内涵、机理与推进策略》,《技术经济》2023 年第 1 期。

武良山、王文韬:《产业数字化与数字产业化》,北京:中译出版社 2022 年版。

夏杰长、刘慧:《以产业融合壮大实体经济:作用机理与推进策略》,《财经问题研究》2023 年第 1 期。

徐翔、赵墨非:《数据资本与经济增长路径》,《经济研究》2020 年第 10 期。

许佳鑫:《数字经济与实体经济融合的逻辑与路径》,《中国外资》2023 年第 2 期。

许鑫:《上海产业大数据与产业链水平提升》,《科学发展》2020 年第 10 期。

杨玉辉、洪志敏、陈女珍、开璇、郭璞、都瓦拉:《我国大数据发展水平评估及其对实体经济的贡献研究》,《内蒙古科技与经济》2022 年第 20 期。

张晓燕、张方明:《数实融合》,北京:中国经济出版社 2022 年版。

张岩:《上海数字经济的优势与创新发展研究》,《江南论坛》2023 年第 3 期。

郑洁珠：《数字经济环境下的产业融合研究》，《商展经济》2022 年第 19 期。

郑琼洁、曹劲松：《数字经济与实体经济融合的基本逻辑及路径选择》，《江苏社会科学》2023 年第 1 期。

后 记

本书既是上海市哲学社会科学规划"研究阐释党的二十大精神"专项课题"上海国际数据港与'五个中心'建设融合发展研究"的研究成果，同时也是笔者前期在城市数字化转型、国际数据港、数据要素市场等领域开展相关研究的成果汇集。

数字化是当今时代最鲜明的特征和标志，代表新的生产力和新的发展方向，是驱动经济高质量发展、实现中国式现代化的必由之路。上海一方面承担着建设"五个中心"的国家战略，另一方面也担负着建设国际数据港的重大使命。在促进经济高质量发展和城市数字化转型过程中，上海应当将两者进行深度融合，充分激活数据要素的巨大潜在价值，为深化建设"五个中心"注入新的强大动能；同时充分激发上海"五个中心"建设的溢出效应，以产业发展汇聚全球数据资源，为国际数据港建设提供发展的源头活水。本书着眼于这一重要命题，从理论、实践与对策等角度开展了论述。

对本书的出版，首先要感谢上海市哲社规划办公室、上海社科院科研处及信息研究所的领导在课题研究和书稿撰写中给予的精心指导；其次要感谢上海人民出版社的史桢菁等老师在书稿编辑和图书出版过程中给予的热心帮助；其三要感谢上海市经信委、浦东新区科经委、上海市大数据中心、上海数据交易所、上海市教育协会、上海跨境数科公司等单位在前期相关研究中给予的大力支持；最后也要感谢上海社科院信息所各位同事和院"城市数字化转型"创新团队成员在相关研究中的辛勤付出，本书也是大家共同智慧的结晶。

当前数字技术革命方兴未艾，其在经济各领域中的应用仍在不断深化，因此数字化与实体经济的融合是一个需要持续跟踪与研究的课题。本书立足上海产业转型升级与经济高质量发展，从国际数据港与"五个中心"深度融合发展的角度对数实融合进行了探讨，希望能对相关研究人员和实际工作者有所启发。同时，限于笔者能力与水平，书中必定存在不少谬误之处，敬请各位读者批评指正。

图书在版编目(CIP)数据

国际数据港与"五个中心"建设融合发展/丁波涛
著.—上海:上海人民出版社,2023
ISBN 978-7-208-18590-6

Ⅰ.①国… Ⅱ.①丁… Ⅲ.①国际性城市-城市建设
-上海 Ⅳ.①F299.275.1

中国国家版本馆 CIP 数据核字(2023)第 194759 号

责任编辑 史桢菁
封面设计 汪 昊

国际数据港与"五个中心"建设融合发展
丁波涛 著

出　　版　上海人民出版社
　　　　　 (201101　上海市闵行区号景路 159 弄 C 座)
发　　行　上海人民出版社发行中心
印　　刷　上海新华印刷有限公司
开　　本　787×1092　1/16
印　　张　13.5
插　　页　2
字　　数　137,000
版　　次　2023 年 11 月第 1 版
印　　次　2023 年 11 月第 1 次印刷
ISBN 978-7-208-18590-6/F·2848
定　　价　62.00 元